カタカナ シャンソン フランセーズ 39

Katakana Chansons Françaises 39

うのわ周行

はじめに

　本書「カタカナ　シャンソン　フランセーズ　３９（サンキュー）」はフランス語の原語で書かれた三十九の歌（シャンソン）に関して、「読めず、歌えず、聴き取れず」の三重苦を解消すべく、歌詞にカタカナの読み仮名を付け、フランス語に馴染みがない人でも原語のシャンソンを歌えるようにしたものです。

　また、単に仮名読みで歌えるようにするだけではなく、歌詞の訳と歌詞に使用されている主要な単語の訳も記載し歌詞の内容、言葉の意味がわかるようにしています。

　本書には伝統的なシャンソンのみならず、軽快なシャンソン、所謂、フレンチポップス、フランス国歌 ラ マルセィエーズ、ビゼーの歌曲、アニメ曲、宗教関連曲、社会的な問題をテーマにした曲等を含めて多様な角度からシャンソンと巡り合えるようにしています。

　基本的には歌唱することを前提に本書を作成していますが歌詞の内容を知るだけでも興味深い点はあります。あるいはシャンソンを通して異なる国の人々の感覚や感性、等も部分的に知ることもできるでしょう。（ただし、日本の歌謡曲同様、シャンソンも一般人の通常の感覚とはかけ離れた表現があります。）

　尚、本書のタイトルに用いた「シャンソンフランセーズ」という言葉は「フランス(国)の歌」、「フランス人の歌」と捉えるより「フランス語で書かれた歌」と解釈する方が妥当です。シャンソンには元はフランスで作詞作曲されたものではないものがあるからです。例えば、オシャンゼリゼという曲の原曲はイギリスに由来します。スミレの花咲く頃、小雨降る径はドイツ/オーストリア、待ちましょうはイタリア、等のようにきわめて多様です。
作曲者、作詞者には元は東欧/スラブ系/ユダヤ系、中東、アフリカ、米国に由来する方々がいます。歌手の出身国もフランスのみならずベルギー、ドイツ、イタリア、英国、ギリシャ、アルジェリア、ブルガリア、中南米、他、極めて多様で、歌手の親、祖父母が移民のケースもあります。（逆に言えば、フランス、フランス人とはそれだけ多様な人々の集まりです。）多くの民族を乗り越え作られ、歌われ、受け入れられてきたシャンソンはそれだけ共感性を含んでいるとも言えるでしょう。

　どのような分野のことでも何らかの対象について関心を持ち、深く知り、取り組み、体験することは自分自身の世界を広げ豊かにしてくれるものです。本書がその一つになれば幸いです。

著者

姉妹書の紹介

　本書「カタカナシャンソンフランセーズ３９」は別図書「カタカナシャンソンフランス語」と姉妹書をなすものです。
二つの図書の特徴と差違を下記に説明します。

　本書「カタカナシャンソンフランセーズ３９」はできるだけ多くの原語シャンソンに読み仮名を付け紹介することを趣旨とした図書です。そのため、発音、文法に関する記載はごく一部を除いてありません。また、頻繁に出てくる各種代名詞等の説明も省いています。

　一方、別図書の「カタカナシャンソンフランス語」にはフランス語に特有の発音、文字の読み、リエゾン（連音）、アンシェヌマン（連鎖音）、各種代名詞（基本単語）、動詞の法、時制、仮定表現、条件法の用法等、基礎的文法に関する説明があります。フランス語に関して語学的観点から知っておいた方が好ましい基礎的情報が各歌詞の末尾毎に記載されています。いわばカタカナシャンソンの入門書、基本書となるものです。
別図書に編集された曲はどれも多くの人が聴いたことのあるシャンソンの代表曲のため、フランス語の基本事項とともに知っておくとより好ましいでしょう。

　発音、基礎的文法の知識は外国語の歌曲を正しく体系的に理解する上で重要です。
このため、語学的観点から、より深く原語シャンソンの理解を望まれる方は姉妹書「カタカナシャンソンフランス語」の併用が効果的です。

　基礎的、質的な「カタカナシャンソンフランス語」と量的な「カタカナシャンソンフランセーズ３９」の両図書を活用すると原語シャンソンに関する理解が一層深まり、幅が広げられます。２冊揃えば「鬼に金棒 ⇨（あなたにシャンソン）」、「シャンソン通（２：two）」となることでしょう。

　何事も小さなこと、基礎の積み重ねと鍛錬が体系的なものを作り上げます。
ものごとの取り組みに大切な心がけとなるフランス語のことわざをお届けします。

Petit à petit l'oiseau fait son nid

プティタプティ　ロワゾー　フェ　ソンニ

少しずつ　鳥は　その巣を作る

目次

カタカナシャンソンフランセーズ３９　本編　目次

『カタカナシャンソンフランセーズ３９の案内』

1. シャンソンの音源、カラオケの入手

1) 音源

本書に掲載されているシャンソンはユーチューブで聴くことができます。

曲のタイトル、歌手名等をユーチューブの検索欄にアルファベット入力し聴いてください。

CD、カセットテープ、あるいは、レコード、iTunes のダウンロード等を活用して聴く方法もあります。

2) カラオケ

本書に掲載のシャンソンのほとんどのカラオケはユーチューブから得られます。

ユーチューブの検索欄に原曲名とともに karaoké を入力してください。

2. 本書の記載構成

2.1 本書の左側のページの構成

1) 曲名　歌手名

冒頭にシャンソンの曲名　歌手名を記載しています。

歌手名は主に創唱した歌手の名を記載していますが、ユーチューブ等で他の歌手がカバーしているとその歌手名を参考記載している場合もあります。

2) 原詞　カタカナ読み

シャンソンの歌詞の原詞（フランス語）、及び、その原詞の読みを原詞の下にカタカナで記載しています。歌唱にて音が伸びている個所は長音符「ー」を入れています。

尚、舌が口蓋につかない R（ r ）[ɛːr エーる]（[]内は発音記号）の発音には平仮名文字のら行（ら、り、る、れ、ろ）を使用しています。これは、舌が口蓋につく L(l) [ɛl エル]の発音にはカタカナのラ行（ラ、リ、ル、レ、ロ）で表記し、RとLの発音を区別するためです。（但し、日本語による楽曲名表記、及び、一部人名はこの原則から除く）

また、V（ v ）[ve ヴェ]を含む上前歯と下唇の摩擦音に関しては（ヴ）を用い、B（b）[be ベ]を含む両唇閉鎖発生音についてはバ行（バ、ビ、ブ、ベ、ボ）を使用しています。

備考　本書の文字が小さくて読みにくい場合の対応

本書の１ページ分は A5 サイズです。文字が小さくて読みにくい場合は、取り組むシャンソンの１ページ分を A5 から A4 サイズへの拡大コピー（141%）にしてください。

2.2 本書の右側のページの構成

1) 訳詞

訳詞は直訳を原則としています。できるだけ原詞の各単語、及び、原詞の語順に対応した逐語訳に近いものとしています。

ただし、代名詞の対象を明確化した個所、形容詞を副詞的に訳した個所等があります。原詞の分析、構成、意味の把握を意図したもので鑑賞用の訳ではありません。

内容の確認を要する個所はフランス語を母語とする方々の意見を聞き反映しています。

2) 単語の訳

歌詞の内容、言葉の理解を深めるため単語の訳を記載しています。

ただし、頻繁に出てくる人称代名詞、指示代名詞等の単語の訳は記載していません。

<u>名詞</u>　　男性名詞、女性名詞の区分表示の略号

　　　　　　男性名詞　: m　（nom masculin　ノン　マスキュラン）
　　　　　　女性名詞　: f　（nom feminin　ノン　フェミナン）

<u>動詞</u>　　動詞は一般に動詞の原形（不定詞）を記載

　　　　　　ただし、一部の動詞は理解のため動詞の法(mode)、人称を略記

　　　　　（例、三単現：三人称単数直説法現在形　　未来一単：直説法単純未来一人称単数）

<u>形容詞</u>　形容詞で男性形、女性形のあるものは語尾変化を記載

　　　　　heureux, se 幸せな、幸福な、うれしい

　　　　　（男性形は heureux ウーるー，　女性形は heure<u>use</u> ウーるーズ　となることを示す。）

<u>副詞</u>　　訳のみを記載

<u>複数形</u>　名詞、形容詞の複数形で特殊な変化をするものは **pl.** の略号を記載

　　　　　（pl. : pluriel プリュリエル：m 複数形）

2.3 著作権表記

各歌曲の著作権があるものはその著作権者/作詞者/作曲者を英文、又は、仏文で左右どちらかのページの余白に記載しています。

著作権が消滅している作品は作詞者、作曲者のみを記載しています。

３．カタカナシャンソン利用の留意点

1) 音節

カタカナの一文字は（母音）、又は、（子音+母音）で構成されている。これに対しフランス語、英語等は上記の構成の他にも一音節が（母音+子音）あるいは（子音+母音+子音）、また、単語の一部が（母音+子音+子音）等になる場合がある。下記の例参照。

例１) mademoiselle [mad-mwa-zɛl] [ ]内は発音記号、意味「お嬢さん」
　　　　カタカナ表記の例：　マドモワゼル
フランス語の mademoiselle が３音節、母音の数が三つであるのに対して、日本語のカタカナ表記の「マ・ド・モ・ワ・ゼ・ル」は６音節、母音の数が六つになる。
フランス語の発音はイメージ的には（マド）・（モワ）・（ゼル）の三つの音の塊となる。

例２) elle chante [ɛl ʃɑ̃t]　　意味「彼女（/それ）は歌う」
　　　　カタカナ表記の例：　エル　シャントゥ
　フランス語の　elle chante は２音節、母音の数が二つであるのに対して、日本語のカタカナ表記の「エ・ル・シャン・トゥ」は４音節、母音の数が四つになる。
フランス語の発音はイメージ的には（エル）・（シャントゥ）の二つの音の塊になる。
（但し、末尾が子音でも長く詠唱する場合は母音が生じる。）

このようにフランス語の子音を日本語の母音を含むカタカナ表記した場合、実際のフランス語の発音とは音節（母音）の数に相違が生じてしまうことを認識し、歌唱の際に留意する必要がある。

2) 発音

書き言葉としてのカタカナの母音は一般的にア・イ・ウ・エ・オの五音とされる。
（話し言葉、音声としては実際にはこれらの五音もさらに細分化されるが書き言葉としては五音が一般的）
これに対してフランス語の母音とされるものはこれらの数より多い。
（170ページの口腔母音図参照）

従って、カタカナでは正確にフランス語の音声を表しにくい面があることを認識する必要がある。

例：　bien [bjɛ̃]　　意味「うまく、よく、じょうずに」
　　　この発音はカタカナでは「ビヤン」とも「ビエン」とも表示しうる。

4．発音確認用のネット上のフランス語辞書の紹介

左記の留意点に記したとおりカタカナ表記では音節（母音の数）、及び、実際の単語の音声（発音）が正確に表記できない点があることからこれを解消するため、ネット上のフランス語辞書を紹介します。

ネットで下記の辞書名称で検索するとフランス語辞書が得られます。

ネット辞書のスピーカー等の記号をクリックすると単語の音声が聴けます。

また下記の辞書の多くは単語の発音記号が記載されており、発音記号を見ることによりその単語に母音（音節）がいくつあるか確認できます。

仏和辞書の例：

Glosbe フランス語 　仏単語の日本語訳記載（単語の発音が複数のパターンで聴けます。）

仏英辞書の例（又は、仏仏辞書）：

1) **Larousse** 　　　　　（仏仏/仏英辞書、同一ページで英仏両単語の発音確認可能）
2) **The Free Dictionary** (/**Dictionary BY FARLEX**) (French Dictionary を選択；仏仏辞書)
3) **WordReference** （French-English を選択）
4) **Collins French Dictionary** (French-English を選択）
5) **Linguee dictionnaire** （仏英の両単語とも同一ページで発音確認可能）

　その他のネット上の辞書、及び、スマートフォン用の辞書アプリ等に関しては各自で確認してください。

5．動詞の活用確認方法

上記の辞書の中には動詞の活用がわかるものがあります。

Conjugaison（動詞の活用、変化）、**Verb table**（動詞表）、等の項目に進めば、動詞の法(mode)、人称による動詞の活用が確認できます。

6. 発音よりも大切なこと

外国語の歌曲を歌唱した場合、国内の聴き手の多くはその意味や内容まで理解することはありません。何やら口をもごもごさせながら歌っているな程度の印象しか持たないことが多いでしょう。このため発音に気を取られるより歌の心情、雰囲気を音、旋律として表現することが大切です。そのためにも歌詞の意味、表現内容を理解しておくことが肝要です。

　（外国語の歌詞はその説明や訳語が無ければ内容は伝わりにくく、聴き手にとって共感性も得られにくいことから、その習得、歌唱は専ら個人的趣味、もしくは、同好の士たちのみの関心事、あるいは、コンクールの応募/視聴等に留まるのが一般的です。）

7. 原語シャンソンの習得段階

前述のとおり、フランス語の発音習得はカタカナのみに頼ると正確性を欠く可能性があります。従って、フランス語に馴染みのない人の原語シャンソン習得には次の段階を踏むことが望ましいでしょう。

段階０： 原語のシャンソンを聴き、旋律の気に入った曲を選び、歌詞の内容を理解する。

段階１： 最初はカタカナを参考にして原語シャンソンの大筋の発音を確認する。
　　　　　<u>日本語による初期段階の音確認</u>(ネット/スマホ辞書等で単語の発音確認も有効)

段階２： カタカナ表記により音を確認したら、原文のフランス語表記を見ながら発音する。
　　　　　<u>フランス語の綴り（書き方）、文字に対する読み方、音節構成の理解と音声確認</u>

段階３： シャンソンの音のみを聴いて、それに従って発音、文字を見ず歌手に合わせ歌う。
　　　　　音で覚える。（シャドーイング）
　　　　　段階１，２が音声の間接入力（目による文字の読み）であるのに対し、段階３は
　　　　　音の直接入力（耳による聴き取り）とその模倣による出力（口、喉による発声）。
　　　　　<u>音声主体の体得をする。</u>（文字は音声（歌）を間接的に記号化したに過ぎない。）
　　　　　（音声の聞き取りだけでは習得が難しい場合は段階１、段階２も併用する。）

段階４： 好みの曲を言葉の意味を理解しながら繰り返し歌い<u>暗唱</u>しましょう。
　　　　　（恒久的記憶に落とし込む。）

小さな子供が自転車に乗ろうとする時、最初は、補助輪を使うことがあります。乗る感覚を掴み体得すれば、その後、補助輪は必要ではなくなります。
カタカナシャンソンのカタカナはその補助輪のような役割を果たします。
慣れてきたらカタカナは外して原語のシャンソンを聴き取りフレーズごと発声しながら覚え、文字を見なくても自然に口遊むことができるようにしましょう。

C'est en forgeant qu'on devient forgeron

セタン フォるジャン コン ドゥヴィアン フォるジュろン

鉄を鍛えることで人は鍛冶屋になる
「習うより慣れよ」

『カタカナ シャンソン フランセーズ 39 本編』

1. Sous le ciel de Paris　パリの空の下　Line Renaud / Jean Bretonnière /

Mireille Mathieu / Anny Gould / Juliette Gréco / Edith Piaf / Yves Montand / Daniele Vidal 他

1)

Sous le ciel de Paris	S'envole une chanson	Hum Hum
スー ルスィエル ドゥー パり	サンヴォル ユヌシャンソーン	ウームウーム

Elle est née d'aujourd'hui	Dans le cœur d'un garçon
エーレ ネ ドージュるドゥユイ	ダーンルクーる ダンガるソーン

Sous le ciel de Paris	Marchent des amoureux	Hum Hum
スー ルスィエルドゥーパり	マるシュ デザムるー	ウームウーム

Leur bonheur se construit	Sur un air fait pour eux
ルーる ボヌーる スーコンストゥるユイ	スゥるアンネーる フェブーるウー

Sous le pont de Bercy　　　　Un philosophe assis
ス ル ポン ドゥー べーる スィ　　　アン フィロゾーフ ア スィ

Deux musiciens quelques badauds Puis des gens par milliers
ドゥ ムズィスィアン ケルクー バドー　　ピュイ デジャン パるミリエーー

Sous le ciel de Paris　　Jusqu'au soir vont chanter Hum Hum
スー ルスィエル ドゥーパり　　ジュスコ ソワーる ヴォンシャンテー ウームウーム

L'hymne d'un peuple épris De sa vieille cité
リムヌ ダン プープルエプり　　ドゥ サヴィエィュ スィテー

Près de Notre Dame　　　　Parfois couve un drame
プれドゥ ノートゥる ダーム　　　パーるフォア クーヴァン ドゥらームー

Oui mais à Paname　　　　Tout peut s'arranger (*arriver)
ウィ メザ バナームー　　　　トゥプ サらンジェー　(*又は、タりヴェー)

Quelques rayons　　　　Du ciel d'été
ケルク れヨーン　　　　　ディュ スィエール デテー

L'accordéon　　　　　D'un marinier
ラコーるデオーン　　　　ダン マーりニエー

L'espoir fleurit　　　　Au ciel de Paris
レスポワる フルりーー　　　オ スィエル ドゥパりーー

14

1) パリの空の下　　　　　　　　　　　流れる歌

sous 〜の下に、のもとに、で　ciel :m 空、気候、天　　envoler (s') 飛び立つ、消え去る、
舞い上がる、（音が）生じる、わき上がる　chanson :f 歌謡、歌、曲
それ（その歌）は　生まれた　今　　　　若者の心の中に

naître 生まれる、生じる（né 過去分詞）d'=de 〜の、から aujourd'hui :m 今日、本日、現在
dans 〜の中で、後に　　cœur :m 心、気持ち、心臓　　garçon :m 若者、青年、少年、男
パリの空の下　　　　　　　　　　　行き交う恋人たち

marcher 歩く、進む、動く　　　　　amoureux, se 恋人
その幸せは育まれる　　　　　　　　恋人たちのために作られた歌に乗せて

leur 彼らの、彼女らの、それらの、彼らに、彼女らに　bonheur :m 幸福、幸せ、喜び
se construire 建設される、形成される（construit 三単現）sur 〜の上に　air :m 歌、曲、
アリア fait 作られた、できた、なされた（faire の過去分詞）　eux 彼ら、それら
ベルシー橋の下の方には　　　　　　ひとり思いに耽け座る人

pont :m 橋、仲立ち、甲板　philosophe 哲学者、達観した　assis, e 座った、据えた
（asseoir の過去分詞）　un, une ある、一つの、一人の　deux 二つの、二人の
二人のミュージシャン　幾人かの見物人　そしてたくさんの人々が

quelque いくつかの、何人かの、ある badaud, e 物見高い人、やじ馬 puis 次に、それから
gens :m (f) pl 人々、人たち　millier :m 約1000、多数　par milliers 非常に多く

パリの空の下で　　　　　　　　　　夜まで　歌おうとしている

jusque まで soir :m 夜、晩　aller 行く、進む、しに行く、しようとする（vont 三複現）
その古い街に魅せられた人々の讃歌を

hymne :m 讃歌、歌 peuple :m 民族、大衆、庶民 épris, e (de〜に)惚れた、夢中の、熱中した
vieux, vieille 年取った、老いた、年上の、古い　cité :f 都市、集合住宅地、旧市街

ノートルダム寺院の近くでは　　　　時おり厄介な事だってくすぶってる

près 近くに、そばに、およそ　Notre Dame 聖母マリア、ノートルダム寺院/大聖堂
parfois 時おり、時々 couver たくらむ、くすぶる、卵を抱く drame :m 惨事、悲劇、ドラマ
そう、でもパリでは　　　　　　　　すべてが丸くおさまってしまう

oui はい、そう mais しかし、だけど　Paname パリの俗称　tout :m すべて
pouvoir できる（peut 三単現）　s'arranger うまくいく、解決する、整える
arriver 着く、行く、達する、成し遂げる、〜à うまく〜する
幾筋もの日の光が夏空から　　　　　アコーデオンの調べが水夫から

rayon :m 光線、半径、棚、売り場　été :m 夏　marinier, ère (川船の) 水夫、船頭、乗組員
希望の花開く　　　　　　　　　　　パリの空に

espoir :m 希望、望み、期待　　fleurir 花が咲く、栄える

15

2) Sous le ciel de Paris   **Coule un fleuve joyeux**   **Hum Hum**
スー ルスィエル ドゥーパり   クール アンフルーヴジョワユー   ウームウーム

Il endort dans la nuit   **Les clochards et les gueux**
イ ランドーる ダーンラニュイ   レクロシャーる ゼレグー

Sous le ciel de Paris   **Les oiseaux du Bon Dieu**   **Hum Hum**
スー ルスィエル ドゥーパり   レゾワゾー ディュボンディユー   ウームウーム

Viennent du monde entier   **Pour bavarder entre eux**
ヴィエンヌ ディュ モーンダンティエ プーるバヴァーるデー アントゥるウー

Et le ciel de Paris   **A son secret pour lui**
エー ルスィエル ドゥー パーり   ア ソン スクれー プーる リュイ

Depuis vingt siècles il est épris   **De notre Ile Saint Louis**
ドゥピュイヴァンスィエクル イレーテプり ドゥノトゥる イル サンルイー

Quand elle lui sourit   **Il met son habit bleu**   **Hum Hum**
カン テル リュィ スり   イル メ ソンナビブルー   ウームウーム

Quand il pleut sur Paris   **C'est qu'il est malheureux**
カンティル プル スューるパり   セキレ マルーるー

Quand il est trop jaloux   **De ses millions d'amants**   **Hum Hum**
カンティレ トゥろージャルー   ドゥ セミリオン ダマーン   ウームウーム

Il fait gronder sur nous   **Son tonnerre éclatant**
イルフェ グろーンデ スュるヌ   ソントネーるエクラターン

Mais le ciel de Paris   **N'est pas longtemps cruel**   **Hum Hum**
メ ルスィエル ドゥーパり   ネパ ロンタン くるエール ウームウーム

Pour se faire pardonner   **Il offre un arc en ciel**
プーる スフェーる パーるドネー   イロフる アンナるカンスィエーール

SOUS LE CIEL DE PARIS   Lyrics by Jean Dréjac Music by Hubert Giraud

© 1951 Editions Choudens – rights transferred to Première Music Group.

2)　パリの空の下　　　　　　　　　　　流れる河は　楽しげ

couler 流れる、漏れる　fleuve :m 大河、川、大量の流れ　joyeux, se 嬉しい、楽しい、陽気な

河は　眠りにつかせる　夜の間　　　　ホームレスや乞食たちを

endormir 眠らせる、退屈させる、和らげる（endort 三単現）　nuit :f 夜、夜間、宿泊

clochard, e 浮浪者、ルンペン、ホームレス　gueux, se 乞食、貧者、娼婦

パリの空の下　　　　　　　　　　　　神様の鳥たちが

oiseau (pl. x) :m 鳥、あいつ　bon, ne 良い、善良な　dieu :m 神

世界中からやって来る　　　　　　　　みなでおしゃべりしようと

venir 来る、現れる、至る（viennent 三複現）monde :m 世界、社内、人々　entier, ère 全部の、

全体の　pour のために、に向かって、の間、（結果）であることに、にとって、に対して

bavarder おしゃべりする、とやかく言う entre 間に、同士で　eux 彼ら、それら

そして　パリの空は　　　　　　　　　秘密を抱いている　その身に

avoir 持つ、ある（a 三単現）son 彼の、彼女の、その　secret :m 秘密、内緒、秘訣

lui（強勢形）彼、（間接目的語）彼に、彼女に

何世紀もの間　　（空は）恋してる　　私たちのサンルイ島に

depuis 以来、から　vingt ２０の、多数の　siècle :m 世紀、時代　île :f 島

サンルイ島が空に微笑むと　　　　　　空は青い服をまとう

quand する時、すると、ならば　sourire 微笑む、苦笑する、気に入る（sourit 三単現）

mettre 置く、付ける、着る（met 三単現）　habit :m 服　bleu, e 青い、青ざめた　m：青色

雨がパリに降るなら　　　　　　　　　それは空が悲しい時

pleuvoir 雨が降る（pleut 三単現）　malheureux, se 不幸な、つらい、不運な

(il pleut の il は天候に関する非人称主語 C'est qu'il の il は人称代名詞として le ciel 空を示す)

時には　空はあまりに嫉妬する　　　　たくさんの恋人たちに

trop あまりに、すぎる、非常に　jaloux, se 嫉妬した、ねたんだ、やきもちやきの

million :m 百万、多数、無数

すると　とどろかせる　私たちの頭上で　その光り輝く雷鳴を

faire させる、引き起こす、作る（fait 三単現）　gronder しかる、とどろく

tonnerre :m [tɔ-nɛ:r トネール]雷鳴、喝采/怒号、叫び声 éclatant, e 鳴り響く、輝いた、明白な

でも　パリの空は　　　　　　　　　　いつまでも荒れてはいない

ne~pas ではない　longtemps 長い間　cruel, le 残酷な、凶暴な、厳しい、つらい

自らの許しを請うよう　　　　　　　　贈り物にする　虹の架け橋を

se faire してもらう、自分に~させる　pardonner 許す、大目に見る offrir 贈る、与える、

プレゼントする、おごる（offre 三単現）　arc :m 弓、弧、アーチ　arc en ciel :m 虹

2. Poupée de cire, poupée de son 夢見るシャンソン人形 France Gall

Je suis une poupée de cire
ジュ スュイ ユヌ プーペ ドゥ スィーるー

Une poupée de son
ユーヌー プペドゥソーン

Mon cœur est gravé dans mes chansons
モーンクーるエ グらーヴェ ダンメシャーンソン

Poupée de cire poupée de son
プ ペ ドゥ スィーる プ ペ ドゥソーン

Suis-je meilleure, suis-je pire
スュイ ジュ メーユーる スュイジュ ピーるー

Qu'une poupée de salon ?
キュヌ プペ ドゥサローーン

Je vois la vie en rose bonbon
ジューヴォワラヴィ アンローズ ボーンボン

Poupée de cire poupée de son
プペドゥ スイる プ ペ ドゥソーン

Mes disques sont un miroir
メ ディスク ソーン タン ミ ろワーる

Dans lequel chacun peut me voir
ダンルケル シャカン プ ムー ヴォワーる

Je suis partout à la fois
ジュ スュイ パーる トゥ タラ フォワー

Brisée en mille éclats de voix
ブりゼ アンミルエクラ ドゥ ヴォワー

Autour de moi j'entends rire
オートゥーる ドゥ モワ ジャンタン りーるー

Les poupées de chiffon
レープペ ドゥシフォーーン

Celles qui dansent sur mes chansons
セール キ ダーンス スュる メシャーンソン

Poupée de cire poupée de son
プペドゥスイる プ ペ ドゥソーン

Elles se laissent séduire
エ ル ス レース セディユイーるー

Pour un oui ou pour un non
プーるアンウィ ウブるアンノーーン

L'amour n'est pas que dans les chansons
ラームーるネパー クダンレシャーンソン

Poupée de cire poupée de son
プペドゥスイる プ ペ ドゥソーン

(Instrumental)

18

私はひとりの蝋（ろう）人形　　　　　　ひとりの音の（おがくず）人形

être ~です (suis 一単現)　poupée :f 人形、おめかし屋、若い娘　cire :f 蝋、ワックス　son :m 糠
(ぬか)、おがくず、そばかす、音　poupée de son おがくず（木屑）を詰めて作った人形）
（ここで de は「~の材料で作った、~でできた、中身に~の入った」を意味する。尚、son は
「音」も意味し、この歌詞においては歌う人形としての二重の意味合いを持たせている。）

私の心は刻まれている　私のいくつもの歌の中に　　　蝋人形　音の人形

cœur :m 心、気持　graver 彫る、刻む、版画で刷る　graver un disque レコードに吹き込む
mon, ma, mes 私の（男性単数形、女性単数形、複数形）chanson :f 歌、歌謡、鳴き声
私はもっと素敵　それともよくない？　　　　　応接間の人形よりも

meilleur, e よりよい、よりすぐれた　pire より悪い　salon :m 応接間、店、展示会、サロン

私は思い描く　ピンク色のキャンディーのような暮らし　　　蝋人形　音の人形

voir 見る、思い描く、会う (vois 一単) vie :f 人生、暮らし rose :f バラ m バラ色 bonbon :m
飴、キャンディー　(en) rose bonbon ピンク色のキャンディーのような、甘いロマンチックな

私のいくつものレコードは鏡　　　　　　　その中で誰もが私に会える

disque :m レコード、ディスク　miroir :m 鏡　lequel 関係代名詞　chacun 各々、誰もが、皆
pouvoir ~できる、してもよい、かもしれない（peut 三単現）
私はいる　あちこち　同時に　　　　　　　砕け散る　たくさんの大声になって

partout いたるところに、あちこちに　fois :f 回、度　à la fois 同時に、一度に　voix :f 声
brisé, e 砕けた、壊れた、かすれた　mille 千の、たくさんの　éclat :m 破片、大きな音、輝き

私の周りで　聞こえる　笑っている　　　　　　　（ぼろきれで作られた）布人形たち

autour まわりに、周囲に　entendre 聞こえる、理解する(entends 一単現) rire 笑う、あざ笑う :m
笑い、嘲笑　chiffon :m ぼろきれ、雑巾、（女性の）おしゃれ用品、装身具、だらしのない女
parler [causer] chiffon おしゃれの話をする；つまらないおしゃべりをする
(布人形の) 女の子たちは踊ってる　私の歌に乗せて　蝋人形　音の人形の

celle のそれ、の人（女性形）qui 関係代名詞　　　　danser 踊る

彼女たちは誘惑されるまま　　　　イエスでもノーでも（どうであろうと　とても簡単に）

se laisser ~されるままになる　séduire 誘惑する、口説き落とす、魅惑する
oui :m はい　non :m いいえ　pour un oui ou pour un non 何かにつけて、ささいなことで、
容易に、取るに足らない理由で、気分次第で、気まぐれに、しっかりした動機・理由もなく
愛は歌の中にあるだけじゃない　　　　　　　蝋人形　音の人形

ne... pas que~ だけ...なのではない

19

Mes disques sont un miroir
メ ディスク ソーンタン ミろーワーる

Dans lequel chacun peut me voir
ダンルケル シャカン プ ムーヴォワーる

Je suis partout à la fois
ジュ スュイ パーる トゥ タラーフォワー

Brisée en mille éclats de voix
ブりゼ アンミルエクラ ドゥ ヴォワー

Seule parfois je soupire
スールー パーる フォワ ジュスーピーる−

Je me dit à quoi bon
ジュームーディ アコワボーーン

Chanter ainsi l'amour sans raison
シャンテ アンスィーラムる サンれーゾン

Sans rien connaître des garçons
サンりゃンコネートゥる デ ガるソーン

Je n'suis qu'une poupée de cire
ジュヌスュイ キュヌ プ ペ ドゥスィーる−

Qu'une poupée de son
キューヌー プペドゥソーーン

Sous le soleil de mes cheveux blonds
スールソレーィユ ドゥメシュヴー ブローン

Poupée de cire poupée de son
プペドゥ スィる プ ペ ドゥソーン

Mais un jour je vivrai mes chansons
メーザンジュるジューヴィゔれ メ シャーンソーン

Poupée de cire poupée de son
プペドゥ スィる プ ペ ドゥソーン

Sans craindre la chaleur des garçons
サーンクらンドゥるラーシャルる デ ガーるソーン

Poupée de cire poupée de son
プペドゥ スィる プ ペ ドゥソーン

POUPEE DE CIRE POUPEE DE SON　Musique et Paroles de Serge Gainsbourg

© Edition Et Productions Sidonie SA

The rights for Japan licensed to EMI Music Publishing Japan Ltd.

私のいくつものレコードは鏡　　　　　　　その中で誰もが私に会える

私はいる　あちこち　同時に　　　　　　砕け散る　たくさんの大声になって

ひとりで　時々　私はため息をつく　　　　　私は考える　何の役に立つの
seul, e ただ一つの、ひとりで　parfois 時おり、たまに　soupirer ため息をつく
se dire と思う、考える　à quoi bon~ が何の役に立つのか

こんなふうに歌うのが　愛を　訳もなく　　　　何も知らないのに　男の子たちのことも
ainsi そのように、こんなふうに、したがって、だから　sans~ なしに　raison :f 理由、訳、
道理、根拠、理性 rien 何も~ない　connaître 知る、経験する　garçon :m 男の子、少年、若者

私はただの蝋人形でしかない　　　　　　　　　音の（おがくす）人形でしか
ne~que しか~ない

太陽のもと　私はブロンドの髪をした　　　　　蝋人形　音の人形
sous の下で soleil :m 太陽、日光　cheveu (pl.x) :m 髪の毛、頭髪　blond, e ブロンドの、金髪の

だけど　いつか私は生きる　自分の歌のように　　蝋人形　音の人形
mais しかし、だけど　un jour ある日、いつか　vivre 生きる、過ごす、体験する
(vivrai 未来形一単)

恐れなんかしない　男の子たちの情熱を　　　　蝋人形　音の人形
sans ~なしに、~のない、~がなければ、~せずに craindre 恐れる、心配する、懸念する、嫌う
chaleur :f 暑さ、熱、熱気、さかり

21

3. Quand refleuriront les lilas blancs　リラの花咲く頃

Christian Borel, Henri Gesky, Anny Flore 他

1)

Printemp printemps c'est toi
プらンタン　プらンタン　　セトワ

Qu'on guette dans les* bois
コン　　ゲトゥ　ダーンレー　ボワー

(***le** ル の歌唱例あり)

Où les amants heureux
ウ レ ザ マン　ズーるー

Vont s'en aller par deux
ヴォンサンナレー　パーる ドゥー

C'est toi qui feras se pâmer tendrement
セ トワ　キフら　　スパメ　タンドゥるマン

Celle que j'aime éperdument
セル　クジェームエぺるディュマーン

Printemps j'attends pour la tenir dans mes bras La complicité des lilas
プらンタン　ジャタン　　プーる　ラトゥニーる　ダンメブら　ラ コンプリスィテ デ リラー

Quand refleuriront les lilas blancs
カン　るフルりろーンレー　リーラブラーン

On se redira des* mots troublants
オンスるディらーデー モー トゥるブラーン

(*** les** レ　の歌唱例有り)

Les femmes conquises
レファムコンキーズー

Feront sous l'emprise
フろン　スランプりーズー

Du printemps qui grise
ディュプらンタン キグリーズー

Des bêtises
デ ベ ティーズー

Quand refleuriront les lilas blancs
カン　るフルりろーンレー　リーラブラーン

On écoutera tous les serments *
オンネクトゥらー トゥー レ セるマーン

(***** 下記の歌唱例有り　On se redira les doux serments)

(オンスるディらレー ドゥーセるマン)

Car l'amour en fête
カーるラムーるアンフェートゥ

Tournera les têtes
トゥるヌら レ テートゥ

Quand refleuriront les lilas blancs
カン　るフルりろーン レー　リーラー ブラーン

22

1）春よ　春よ　あなた（春）を　　　　　　　　　　みなが待ち焦がれている　森で
printemps :m 春　guetter つけねらう、待ち構える、うかがう　bois :m 森、林、木、材木

そこ（森）に　幸せな恋人たちが　　　　　　　　向かおうとしている　二人で
où　（場所/時を示す関係代名詞）　amant :m 愛人、恋人　heureux, se 幸せな、幸福な
aller しようとする、しに行く（vont 三複現）　s'en aller 出かける、去る　par で、によって

あなた（春）は酔わせてくれる　優しく　　　　　　私が熱愛する人（女性）を
faire させる（fera 二単未来）　se pâmer うっとりする、放心する　tendrement やさしく
celle のそれ、の人(指示代名詞 celui の女性形) aimer 愛する　éperdument 激しく、狂おしく

春を私は待つ　あの人を抱くため　私の腕の中に　　リラの助けを借りて
attendre 待つ、期待する（attends 一単現）　tenir つかむ、抱く、保つ　bras :m 腕
complicité :f 共犯、共謀、助力、暗黙の了解　lilas :m リラ、ピンクがかった薄紫色

白いリラの花がまた咲く季節になると　　　　　　人は言い交すようになる　心惑わす言葉を
quand の時、ならば、なのに　refleurir 再び花が咲く、再び繁栄する、よみがえる
（refleuriront 三複未来）blanc, che 白い　se redire 互いに繰り返して言う、言われる
（redira 三単未来）mot :m 言葉、単語 troublant, e 心乱す、惑わす

女性たちは口説かれ　　心酔わせる春（の陽気）に　かられて　軽はずみになってしまう
femme :f 女、女性、妻　conquis, e 誘惑された、征服された　faire する、なる（feront
三複未来）emprise :f 影響力、収容地　sous l'emprise de にかられて　griser ほろ酔いに
する、うっとりさせる　bêtise :f 愚かさ、軽率、ばかなこと、些細なこと
faire des bêtises ばかなことをする

白いリラの花がまた咲く季節になると　　　　　　　人はあらゆる約束を聞くようになる
écouter 聞く、聞き入れる、従う（écoutera 三単未来）tout,e (pl: tous, touttes) すべての
serment :m 誓い、宣誓、固い約束　　　　　　*（みな甘い約束を交わすようになる）

だって　愛に浮かれて　　　　　　　　　　　　　頭がのぼせてしまうようになるから
car なぜなら　amour :m 愛、恋　fête :f 祝日、陽気さ、楽しみ en fête 浮かれた
tourner 回す、向ける　tête :f 頭　tourner la tête のぼせる、酔わせる

白いリラの花がまた咲く季節になると

23

2) Le doux parfum des fleurs
ルドゥー　パるファン　デフルーる

Embaumera nos cours
アンボムら　ノ　クーる

Et nous serons ravis
エヌ　スろン　らヴぃ

par la chanson des nids
パるラ　シャンソン　デー　ニー

J'aurai sa jeunesse et mes plus beaux baisers
ジョれ　サジュネース　エメ　プリュボー　ベゼー

Sur sa bouche iront se poser
スュるサブーシュ　イろンスポゼー

Un brin de lilas rappelant ce beau jour
アンブらン　ドゥリラ　らプラン　スボージューる

Sera notre gage d'amour
スらノトゥる　ガージュ　ダムーる

Quand refleuriront les lilas blancs
カン　るフルりろーンレー　リーラブラーン

On se redira des mots troublants
オンスるディらーデー　モ　トゥるブラーン

Les femmes conquises
レファムコンキーズー

Feront sous l'emprise
フろン　スランプリーズー

Du printemps qui grise
ディュプらンタン　キグリーズー

Des bêtises
デ　ベ　ティーズ

Quand refleuriront les lilas blancs
カン　るフルりろーンレー　リーラブラーン

On écoutera de faux serments
オンネクトゥらードゥーフォ　セるマーン

Sans qu'on se souvienne
サン　コンス　スヴィエーンヌ

Des amours anciennes
デザムーる　ザンスィエーンヌ

Quand refleuriront les lilas blancs
カン　るフルりろーンレー　リーラー　ブラーン

2) 甘い香り 花から　　　　　　　　　　　　　　漂ようとする　私達の中庭

doux, ce 甘い、マイルドな、甘味料な、優しい、穏やかな　parfum :m 香り、香水、風味

fleur :f 花、盛り　embaumer 香りで満たす，かぐわしくする、香りを発する

cour :f 中庭、宮廷、取り巻き、裁判所

私達は楽しくなる　　　　　　　　　　　　　　　（鳥たちの）巣からの歌声に

être ～です（serons 二複未）　ravi, e とてもうれしい、大喜びの　nid :m 巣、住居、巣窟

新緑の春を抱き　私のとても優しい口づけは　　　その口もとにとどまろうとする

avoir 持つ（aurai 一単未来）　jeunesse :f 若さ、青春、若い娘　mes plus 私の最も～な

beau, x 美しい、すばらしい、幸せな　baiser :m 口づけ、キス　bouche :f 口、唇、入り口

aller しようとする（iront 三複未来）　se poser とまる、置かれる、生じる、振る舞う

一輪のリラが　思い出させる　この良き日　　　　私達の愛の証となるもの

brin :m 細い茎、糸　un brin 少し　rappler 呼び戻す、想い出させる（rappelant 現在分詞）

jour :m 日、時期　être（sera 三単未来）　gage :m あかし、保証、裏付け、抵当、担保

白いリラの花がまた咲く季節になると　　　　　人は言い交すようになる　心惑わす言葉を

女性たちは口説かれ　心酔わせる春に　　　　かられて　　　　軽はずみになってしまう

白いリラの花がまた咲く季節になると　　　　　　　　人は偽りの誓いを聞くようになる

faux, sse 間違った、偽りの、誤解をまねく　de : 一般に複数名詞の前に形容詞がつくと

des は de になる（但し、形容詞+名詞が複合名詞に近い場合は des まま形を変えない）

想い出すようなこともなく　　　　　　　　　　昔の恋を

sans～ なしに　se souvenir 覚えている、想い出す（sovienne 接続法三単）

ancien, ne 古い、もとの、かつての、昔の

amour :m 愛、恋、愛する人（文語体では複数形で女性名詞として扱うことがある）

白いリラの花がまた咲く季節になると

参考1：　原曲ドイツ語 曲名 « Wenn der weiße Flieder wieder blüht »

　　　　　「再び白いライラックが咲いたら」　（ライラック：フランス語でリラ）

　　　　　作詞 Fritz Rotter（オーストリア）　作曲　Franz Doelle（ドイツ）

参考2：　日本語の「スミレの花咲く頃」は白井鐵造氏の訳詞（原詞のリラの花を日本人

　　　　　に親しみやすいスミレの花に変え、内容も日本人の感性に合うようアレンジ）

参考3：　Danielle Vidal は別の歌詞で歌唱

　　　　　「ダニエル・ヴィダル、白いリラの咲く頃」でネット検索可能

参考4：　ユーチューブで仏語のカラオケが見つからない場合、器楽曲、もしくは、

　　　　　日本語の「スミレの花咲く頃」のカラオケで代用可能

4.　Avril au Portugal　　ポルトガルの四月　Yvette Giraud

1)　　　　　　　　　　　　　　/ Luís Piçarra/Marie Myriam 他

Je vais vous raconter　　　　Ce qui m'est arrivé
ジュヴェ　ヴ　らコンテー　　　　スキメタりヴェー

Sous un ciel où l'été　　　　S'attarde
スザン　スィエル　ウ　レテー　　　サーターるドゥー

Histoire d'amoureux　　　　Voyage aventureux
イストワーる　ダムるー　　　　ヴォワヤージュ　アヴァンティュるー

Que pour les* jours heureux　Je garde
ク　プーるレジューるズーるー　　ジューガるドゥー
　　　（*mes メ　とする歌唱あり）

Un grand navire à quai,　　　La foule débarquait
アン　グらン　ナヴィーる　アケー　　ラフール　デバるケー

Deux yeux sous des bouquets　Regardent
ドゥーズュ　スデー　　ブケー　　るーガるドゥー

L'amour devait rôder　　　（et) Puisqu'on s'est regardé
ラムーる　ドゥヴェ　ろデー　　（エ）ブイスコン　セ　るガるデー

Puis mon cœur s'est mis à chanter ...
ピュイ　モンクーる　セ　ミ　ザー　シャンテー

Avril au Portugal,　　　　A deux c'est idéal,
アヴりル　オポるトゥガール　　アドゥ　セ　ティデアール

Là-bas* si l'on est fou,　　Le ciel l'est plus que vous,
ラバ　スィ　ロン　ネフー　　　ルスィエル　レ　ブリュ　クヴー
（* Chez nous シェヌ　とする歌唱例あり）

Pour un sentimental　　　　L'amour existe t-il
プーる　アンサンティマンタール　ラムーる　エグズィストゥティール

Ailleurs qu'au Portugal　　En avril ?
アユーる　コ　ポるトゥガール　　アン　ナヴりール

Music by Raul Ferrão　Original Portuguese lyrics by José Galhardo as a fado named **"Coimbra"**,

French lyrics by Jacques Larue　（原曲 Coimbra はアマリア・ロドリゲスらにより歌唱）

26

1)　私はあなた方にお話ししましょう　　　　　　私の身の上に起ったことを

aller しようとする、行く（vais 一単現）　raconter 話す、語る　ce のこと

arriver 着く、やって来る、起こる

　暖かい季節を待つような　　　　　　　　　　空のもとで

ciel :m 空、天、風土　été :m 夏、盛り　s'attarder 遅くなる、ぐずぐずする、長居する

恋の出来事　　　　　　　　　　　　　　思いがけない旅

histoire :f 歴史、物語、話、出来事　amoureux, se 恋人　　　　voyage :m 旅、旅行

aventureux, se 波乱に満ちた、向う見ずな、冒険好きな

（私の）幸せな日々として　　　　　　　私の胸に秘めている

jour :m 日、曜日、時期　heureux, se 幸せな、うれしい　garder 世話をする、取っておく

大きな船が桟橋に着き　　　　　　　　　人々が降りて行くと

grand, e 大きい、大人の　navire :m 大型船、船舶　quai :m プラットホーム、桟橋、河岸

foule :f 群衆、大勢の人、大衆　débarquer （乗り物から）降りる、上陸する、下車する

(débarquait 半過去三単)

二つの眼差しが（掲げた）花束をとおして　　　　見つめている

deux 二つの、二人の　yeux [jø](イユ):m.pl 両眼（単数 œil [œj]ウィユ）　sous の下に、の中に

bouquet :m 花束、束、木立　regarder 見る、眺める、調べる、関係がある、考える

恋が彷徨いだしたに違いなかった　　　　　　というのも　二人は見つめあい

devoir にちがいない、しなければならない、~することになっている、借りている、おかげ

である(devait 半過去三単)　rôder うろつく、歩き回る、徘徊する　puisque なので、だから

すると　私の心が歌いはじめたから

puis そして、それから、次に　cœur :m 心、気持ち、心臓

se mettre à し始める、に取りかかる（mis 過去分詞）

四月のポルトガル　　　　　　　　　　二人には　この上ないところ

avril :m 四月　Portugal :m ポルトガル　　　idéal, e (pl. idéaux) 理想的な、観念的な

そこで　人々は陽気なら　　　　　　　　空は　なおさらこと　明るく　だれよりも

là-bas あちらで、むこうに　si もし~なら、とても　fou, folle 狂った、途方もない、陽気な

l'(le) ：(属詞形容詞、名詞、不定詞、節の代用) ここでは fou をさす

恋心を抱くものに　　　　　　　　　　愛は　見つかるでしょうか

sentimental, e (pl. aux) 愛情の、心情の、感傷的な(人)　exister 存在する、ある、生きる

ポルトガルの　　　　　　　　　　　　四月のほかに？

ailleurs 他の場所に（/で）、よそで（/に）　ailleurs que 以外の場所で

2)

Le soir sous mes yeux clos
ルソワーる　スメズュクロー

Glissant au fil de l'eau
グリサーントフィルドゥロー

Je vois par le hublot
ジュヴォア　パるル　ユブロー

La rive
ラ　りーヴー

Des voiles de couleur
デ　ヴォワル　ドゥクルーる

De lourds parfums de fleurs
ドゥルーる　ぱるファン　ドゥフルーる

Des chants de bateleurs
デシャン　ドゥバトゥルーる

M'arrivent..
マーりーヴー

Tout ça berce mon cœur
トゥサ　べるス　モンクーる

D'un rêve de bonheur
ダンれーヴ　ドゥボヌーる

Dont les regrets d'ailleurs
ドン　しるぐれ　ダユーる

Me suivent,
ムースュイーヴー

L'amour devait savoir
ラムーる　ドゥヴェサヴォワーる

En nous suivant le soir
アンヌ　スュイヴァン　ルソワーる

Que j'aimerais un jour le revoir...
クジェムれ　ア*ンジューる　ルーる ーヴォワーる
（*又は　ザン)

Avril au Portugal,
アヴリル　オ　ぽるトゥガール

A deux c'est idéal,
アドゥ　セ ティデアール

Là-bas* si l'on est fou,
ラバ　スィ ロン ネフー

Le ciel l'est plus que vous,
ルスィエル　レ　ブリュ クヴー

（* Chez nous シェヌ　とする歌唱例あり）

* Mais sans penser à mal
メ　サンパンセ　アマール

Son cœur attendra t-il
ソンクーる　アタンドゥらティール

Que j'aille au Portugal,
クジャーユ　オぽるトゥガール

En avril ?
アーン*ナヴリール

(Instrumental) *
（*〜*歌唱省略の場合あり)

（又は、アーン*アヴリル)

Pour un sentimental
ブーる　アンサンティマンタール

L'amour existe t-il
ラムーる　エグズィストゥティール

Ailleurs qu'au Portugal
アユーる　コ　ぽるトゥガール

En avril ?
アーン ナヴリール

Avril au Portugal
アヴリール オ ポーるトゥガール

28

2)　夜　私の目を閉じている間　　　　　　水の流れを滑りながらすすむと　やがて

soir :m 晩、夜　sous の下に、で、の期間に clos, e 閉じた、囲まれた　glisser 滑る、次第に
（知らぬ間に）進行する、移行する（glissant 現在分詞：ここでは主節の行為に付随する行
為を示す。主節と全く同時の行為だけでなく、多少の間隔をもって前後する行為も含む）
fil :m 糸、電線、流れ、筋　eau :f 水、海、雨

見えてくる　船の窓越しに　　　　　　　　岸辺が

par を通して、によって　hublot :m 円窓、舷窓、のぞき窓　rive :f 岸、ほとり、河岸

色あざやかな帆船（の光景）　　　　　　強い花の香り

voile :f 帆、ヨット :m ベール、覆い　couleur :f 色、塗料、顔色、精彩
lourd, e 重い、重苦しい parfum :m 香り、香水、風味　fleur :f 花、花飾り

軽業師たちの歌声　　　　　　　　　　　が私のところまで届く

chant :m 歌、歌曲、歌声　bateleur, se 大道芸人、軽業師、手品師

そんなことすべてが私の心を　　　　　　幸せな夢で和ます

tout すべて　bercer 揺する、あやす、和ませる、惑わす rêve :m 夢、憧れ　bonheur :m 幸福
それを惜しむ気持ちも　また　　　　　　私につきまとう

dont (de を含む関係代名詞) regret :m 後悔、悔い、残念、未練　d'ailleurs それに、そのうえ、
そもそも、だいたい　suivre 後について行く、つきまとう、従う、見守る（suivent 三複現、
suivant 現在分詞）

この愛はわかっているにちがいなかった　　私達をその夜　見守りながら

savoir 知る、できる　aimer 愛する、好む、したい（aimerais 条件法一単）

私がいつかこの愛にまた出会えたらということを

un jour いつか、ある日　revoir 再び会う、見直す、再検討する

四月のポルトガル　　　　　　　　　　　二人には　この上ないところ
そこでは　人々は陽気なら　　　　　　　空はなおさらなこと明るく　だれよりも

でも　悪く思わず　　　　　　　　　あの人の気持ちは待っていてくれるでしょうか

mais まったく、しかし　sans～ なしに sans penser à mal 悪気なしに　attendre 待つ、期待する
(未来三単)　attendre+接続法：~するまで待つ

私がポルトガルに行くようになるまで　　四月に

aller 行く（aille 接続法一単）（接続法は願望、恐れ等の感情、不確実な内容を表す）

恋心を抱くものに　　　　　　　　　　愛は　見つかるでしょうか
ポルトガルの　　　　　　　　　　　　四月のほかに？　　　　ポルトガルの四月

29

5. L'important, c'est la rose　バラはあこがれ　Gilbert Bécaud

1) **Toi qui marches dans le vent**　**Seul dans la trop grande ville**
トワー キマーるシュダーン ルヴァーン　スールダンラ トゥろグらーンドゥヴィール

Avec le cafard tranquille　**du passant**
アーヴェクル カファーる トゥらンキール ディュ パサーン

Toi qu'elle a laissé tomber　**Pour courir vers d'autres lunes**
トワー ケラー レセー トンベー　　プーるクりーる ヴェるドートゥる リューヌ

Pour courir d'autres fortunes　**L'important...**
プーるクりーるドートゥるー フォるティューヌ ラーンポるターン

L'important c'est la rose　**L'important c'est la rose**
ラーンポるターン セラ ろーズ　　ラーンポるターン セラ ろーズ

L'important c'est la rose　**Crois-moi**
ラーンポるターン セラ ろーーズ　クろワ モワー

2) **Toi qui cherches quelque argent**　**Pour te boucler la semaine**
トワーキシェーるシュ ケルカるジャン　プーるトゥブクレー ラ スメーヌ

Dans la ville où tu promènes　**ton ballant**
ダンラ ヴィール ウティュ ブろメーヌ　トーンバラーン

Cascadeur, soleil couchant　**Tu passes devant les banques**
カスカドゥーる ソレィユ クシャーン　ティュパース ドゥヴァーン レバーンク

Si tu n'es que saltimbanque　**L'important...**
スィティュネーク サルタンバーンク　ラーンポるターン

L'important c'est la rose　**L'important c'est la rose**

L'important c'est la rose　**Crois-moi**

1）あなたは歩いてゆく　風の中を　　　　　　　　ひとり　あまりにも大きな街なかを
marcher 歩く、進む、機能する　vent :m 風　　seul, e ただ一つの、一人きりの、だけ
trop あまりに、～すぎる、非常に　grand, e 大きい、背の高い　ville :f 都市、市街、町

ふさぎこみ　だまったまま　　　　　　　　　通りすぎる（人）
avec とともに、一緒に　cafard :m ゴキブリ、憂鬱、ふさぎの虫、猫かぶり、告げ口
tranquille 静かな、落ち着いた、安らかな　passant, e 通行人、通りがかり/行きずりの人

あなたを彼女は見放し　　　　　　　　別の夢に向かってゆく
laisser tomber 見捨てる、やめる、放り出す、落とす　courir 走る、駆ける、追いかける、
追い求める　vers の方へ、に向かって、の頃に、あたりで　d'autres ほかの（いくつかの）
lune :f 月、届きにくいもの　pour (なので) 従って（因果関係）、(して)そして（結果）

別の幸運を追い求めるために　　　　　　　大切なのは、、、
fortune :f 財産、大金、運、幸運　important :m 重要なこと、大切なこと、肝心な点

大切なのはバラの花　大切なのはバラの花　大切なのはバラの花　信じてほしい
rose :f バラ(の花)　croire 信じる、思う（crois 命令法二単）　moi 私（を）
crois-moi そうでしょう、本当ですよ、私 (の言うこと)を信じてほしい

2）あなたは求めてる　幾ばくかのお金を　　　　　やり繰りするため　この一週間を
chercher 探す、求める、考える、迎えに行く、しようと努める　quelque いくらかの
argent :m お金、金銭、財産、銀　boucler 締める、閉じる、決算する、やり繰りする
semaine :f 一週間、週

街なかを　あなたは　歩き回る　　　　　　　ぶらぶらしながら
promener 散歩させる、引きずり回す、移動させる　ballant :m 揺れ、振れ、たるみ

曲芸師のあなたは　　　　　　　夕暮れに　　　　　　通りすぎてゆく　銀行の前を
cascadeur, se スタントマン、空中曲芸師、道楽者、放蕩者　soleil couchant 夕日、夕暮れ
passer 通る、通過する、立ち寄る、伝わる、なくなる　devant の前に　banque :f 銀行

たとえ　あなたが　大道芸人であっても　　　　　大切なのは、、、
ne~que しか～ない　saltimbanque 軽業師、曲芸師、大道芸人

大切なのはバラの花　大切なのはバラの花　大切なのはバラの花　信じてほしい

31

3) **Toi, petit, que tes parents**　　　**Ont laissé seul sur la terre**
トワー プティ ク テ パらーン　　　　　オーンレセ スール スュる ラ テール

Petit oiseau sans lumière,　　　**sans printemps**
プティ トワゾー サン リュミエーる　　サン プらンターン

Dans ta veste de drap blanc　　　**Il fait froid comme en Bohème**
ダーン タ ヴェーストゥ ドゥ ドゥらブラーン イルフェ フろワー コムアン ボエーム

T'as le cœur comme en carême　**Et pourtant...**
タルクーる　　　コムアン カれームー　　エ プるターーン

L'important c'est la rose　　**L'important c'est la rose**

L'important c'est la rose　　**Crois-moi**

4) **Toi pour qui, donnant-donnant J'ai chanté ces quelques lignes**
トワー プーるキ ドナンドナーン　　　ジェ シャンテー セ ケルク リーニュ

Comme pour te faire un signe　　**en passant**
コーム プーる トゥフェーるアンスィーニュ アン パサーン

Dis à ton tour maintenant　　　**Que la vie n'a d'importance**
ディ アトントゥーる マントゥナーン　　クラヴィー ナ ダーンポるターンス

Que par une fleur qui danse　　**Sur le temps...**
ク パるユヌ フルーる キダーンスー　　スュるルー ターン

《 **L'important c'est la rose**　　**L'important c'est la rose**

L'important c'est la rose　　**Crois-moi** 》 **(x 2)**

L'IMPORTANT C'EST LA ROSE　　Words by Louis Amade　　Music by Gilbert Becaud

3) あなたが　小さい時　両親は　　あなたを置いてきぼりにした　ひとりこの世に
petit, e 小さい、幼い、少ない、かわいい、愛しい　parent, e 両親、祖先、親戚(の)
laisser 残す、置き忘れる、別れる、放っておく、任せる　terre :f 地球、世界、地上、土地

小さな鳥　　　　光を失い　　　　　　　　春を失くした
oiseau (pl. x) :m 鳥　sans のない、せずに lumière :f 光、日光、明かり printemps :m 春

あなたの白いラシャ（毛織物）の上着の中は　　　　寒い　ボヘミアのように
veste :f 上着、ジャケット、チョッキ　drap :m シーツ、ラシャ、毛織物、タオル　blanc, che
白い、何も書いてない、白紙の　il fait froid（天候・場所が寒い）　　comme のように
en に、で　Bohème ボヘミア(チェコ西部)
あなたの心は　断食の時のようにやつれている　　　でも　そんなときでも,,,
avoir 持つ（as 二単現）　T'as=Tu as の縮約形　cœur :m 心臓、心、気持ち
carême :m 四旬節、節制、断食　face de carême やつれた顔、浮かぬ顔
pourtant それでも、しかし、それにもかかわらず

大切なのはバラの花　大切なのはバラの花　大切なのはバラの花　信じてほしい

4)　あなたのために　　　(心を)交わすように　　私は歌っている　この数行の歌詞を
donnant-donnant ギブアンドテイクで　chanter 歌う　　　　ligne :f 線、輪郭、路線、回線、
(文字の) 行、列、戦線、家系

ちょうど　あなたに　合図をするように　　　　　　通りすがりに
faire する、行う、作る　signe :m しるし、兆候、特徴、合図、身振り、記号、星座

さあ（歌おう）今度は　あなたの番　　　　　　　人生に大切なのは
dire 言う、唱える dis ねえ、ちょっと、あの　tour :m 一周、外出、ツアー、回転、順番、
言い回し maintenant 今、今では、今後、さて importance :f 重要性、重大さ、大きさ、大し
たこと (d'importance 重要な、重大な、ひどく) avoir de l'importance 重要である
(動詞の目的語についた不定冠詞・部分冠詞は否定表現で de となる)
時の流れに　踊る　一輪の花だけと,,,
ne~que しか~ない par によって、を通って、から、に、の中を ne~que par によってのみ~だ
fleur :f 花 danser 踊る、揺れ動 temps :m 時、時間、時期、時代、チャンス、拍、拍子、天候
(n'a = ne+a の縮約形：a は avoir 三単現)

大切なのはバラの花　大切なのはバラの花　大切なのはバラの花　信じてほしい

33

6. Mon manège à moi   私の回転木馬   Edith Piaf

Tu me fais tourner la tête
ティュムフェ トゥるネー ラテートゥー

Mon manège à moi, c'est toi
モンマネージュ アモワ セー トワー

Je suis toujours à la fête
ジュスュイ トゥジュるアーラ フェートゥー

Quand tu me tiens dans tes bras
カン ティュム ティヤーンダーンテブらー

Je ferais le tour du monde
ジュフれ ルトゥーる ディュ モーンドゥー

Ça ne tournerait pas plus que ça
サヌ トゥるヌれパ プリュ クサー

La terre n'est pas assez ronde
ラ テる ネパ ザーセ ろーンドゥー

Pour m'étourdir autant que toi...
プるメトゥるディーるオターン クトワー

Ah! Ce qu'on est bien tous les deux
アッ スコンネ ビヤン トゥレ ドゥー

Quand on est ensemble nous deux
カーン トンネ タンサンブル ヌドゥー

Quelle vie on a tous les deux
ケールヴィ オンナ トゥレドゥー

Quand on s'aime comme nous deux
カーン トン セム コムヌ ドゥ

On pourrait changer de* planète
オンプれ シャンジェ プラネートゥー

Tant que j'ai mon cœur près du tien
タンクジェモンクーる プれ ディューティアーン

(*de ドゥは歌唱されない)

J'entends les flonflons de la fête
ジャンタン レ フローンフローン ドゥラ フェートゥー

Et la terre n'y est pour rien
エラテーる ニエ プーるりアーン

MON MANEGE A MOI

Musique de Norbert GLANZBERG   Paroles de Jean CONSTANTIN

© Copyright 1958 by Editions COMUFRA, Paris. Copyright 1961 assigned to Les Nouvelles Editions MERIDIAN, Paris.

Rights for Japan assigned to SUISEISHA Music Publishers, Tokyo.

34

あなたは私の頭をくらくらさせる　　　　　私の回転木馬　私のは　それはあなた
faire 作る、させる（fais 二単現）　　tourner 回す、かき混ぜる、(頁を)めくる、裏返す、
向ける　　tête :f 頭、顔つき、性格、指導者 tourner la tête à ぼうっとさせる、酔わせる
mon, ma (pl. mes) 私の　　manège :m 馬術、回転木馬、やり方　à (所有・所属)〜の、のための
mon manège à moi (mon と à moi で所有関係＜私の＞を二重にして強調)

私はいつもお祭り気分　　　　　　あなたが私をその両腕の中に抱くと
toujours いつも、ずっと、今でも　fête :f 祝祭、祝日、休暇、パーティー、陽気さ、(祭りの
ような)騒ぎ、喜び　tenir つかむ、持つ、保つ（tiens 二単現）　bras :m 腕、人出、支流

たとえ私が世界一周しようと　　　　　それだってこれほどまわりはしないでしょう
tour :m 一周、一回り、回転、順番、言い回し、周遊旅行 :f 塔　faire le tour de を巡る、
一巡する monde :m 世界、世の中、社会、人々、一族 tourner 回る、回転する、曲がる、
操業する、撮影する、出演する（tournerait 条件法三単）plus que よりもっと、より多く
ça それ、あれ、これ（主語の Ça= tour du monde、末尾の ça＝Tu me fais tourner la tête)
地球だってそんなに丸くない　　　　私をくらくらさせるのに　あなたほどには
terre :f 地球、世界、陸、土地、現世　assez 十分に、かなり、相当　　rond, e 丸い
étourdir 頭をぼうっとさせる、くらくらさせる、酔う autant que 同じくらい、ほど

ああ！　なんて　いいこと　二人とも　　　　　私達ふたり一緒ならば
ce que なんて、なんと、どんなに　bien よい　tous [toutes] les deux 二人とも、両方とも
ensemble 一緒に、まとめて、同時に　　on 人は、あなた方は、私たちは

なんという人生（を持つ）二人とも　　　　　私達ふたりのように愛し合えば
quel, le なんという、どんな　vie :f 人生、生活、生命、生活　on 人、人々、私達
s'aimer 愛し合う comme のように

住む星を替えたってかまわないでしょう　　　私の心があなたのもの（心）と寄り添う限り
pouvoir できる、してもよい　(条件法三単)　changer de+無冠詞名詞単数形：変える、取り替
える、変更する　planète :f 惑星、地球 tant que する限り、である間は　cœur :m 心、心臓、
気持ち　près 近くに、そばに、およそ　tien, ne 君/あなたのもの（定冠詞 le, la, les を伴う）

私には聞こえてくる　お祭りの音が　　　　でも　それは地球のおかげじゃない
entendre 聞こえる、耳に入る、意味する、理解する（entends 一単現）flonflon :m (騒々しい)
演奏、ぷかぷかどんどん (擬音語 onomatopée)、リフレイン、曲、軽音楽
n'être pour rien せいではない、責任はない、無関係である

35

Ah oui! Parlons-en de la terre   Pour qui elle se prend la terre?
アッ ウィ パるロンザン ドゥラテーる   プーるキ エルス プらン ラテーる

Ma parole, y a qu'elle sur terre!Y a qu'elle pour faire tant de mystères!
マ パろール ヤケル スュるテーる   ヤ ケル プーるフェーる タンドゥミステる

Mais pour nous y a pas d'problèmes Car c'est pour la vie qu'on s'aime
メ プーるヌ ヤパ プろブレームー カーる セプーる ラヴィ コーンセーーム

Et si y avait pas de vie, même, Nous on s'aimerait quand même Car...
エ スィヤヴェ パドゥ ヴィ メ ムー ヌ オンセムれ カーンメーム   カーーる

Tu me fais tourner la tête   Mon manège à moi, c'est toi

Je suis toujours à la fête   Quand tu me tiens dans tes bras

Je ferais le tour du monde   Ça ne tournerait pas plus que ça

La terre n'est pas assez ronde...   Pour m'étourdir autant que toi...

La la-la, La la-la, La---la--la, La--la,   La la-la, La--

La la-la, La la-la, La---   La la-la,   La la-la La

Je ferais le tour du monde   Ça ne tournerait pas plus que ça
         トゥーーるディュモーンドゥ
J'ai beau chercher à la ronde*...   Mon manège à moi, c'est toi!
ジェ ボ シェるシェ アーラ ろーンドゥー

(*La terre n'est pas assez ronde)
ラ テーる ネパ ザーセ ろンドゥー の歌唱例もある)

36

あ、そう！その地球のことで話をしましょう　何様と思っているのかしら　地球ったら？

parler 話す（parlons 命令法一複）　　prendre 取る、着る、買う、食べる、迎えに行く
(prend 三単現)　se prendre pour 自分を~と思う、~気取りである

何と、地球しかないって　この世には！地球だけ　こんなに不思議なことを起こすのは！

parole :f 言葉、発言、約束、pl.歌詞、説明文　ma parole へえ、おやまあ、なんてこと
sur (la) terre 地上に、この世に　　faire する、作る　　tant とても多くの、それほど、そんなに
mystère :m 神秘、謎、不可解なこと、隠し事、秘密

でも　私達は問題にしてない　　　　　　　　　　なぜって　愛し合う人生だから

pas ない　problème :m 問題、悩み事　　car というのは、(なぜなら)~だから
vie :f 人生、暮らし、生活、生命、命、世間（vie terrestre 現世　vie éternelle 来世）

そして　たとえこの世がなくなったとしても　私たちはやはり愛し合うでしょう　だって

même 同じ、そのもの、でさえ、であっても　quand même それでも、やはり、まったく

（訳：前出）

(最終行)

*いくら周りをさがしてみても　　　　　　　私の回転木馬　私のは　それはあなた

avoir beau + inf. (不定詞) たとえいくら~しても、ではあるが (ai 一単現)　chercher 求める、
探す、迎えに行く ronde :f 輪舞、ロンド、巡回、見回り　à la ronde 四方に、周りに、順番に

参考1：仏文歌詞冒頭から3行目の ferais は faire の条件法（一単）
Si を伴わない譲歩文（たとえ~でも、もし~しても）では従属節でも条件法が使用される
　　Je ferais フレ (条件法現在) le tour du monde…（世界をまわろうと）
＝　Si je faisais フゼ (直説法半過去) le tour du monde（たとえ世界をまわったとしても）
　　と同義

参考2：左頁仏文歌詞2行目　y a que~ = il n'y a que~しかない（の省略形表現）

参考3：　quand は~する時（時間）を示すのが一般的だが、それ以外にも、~だから、
~ならば、~すると（原因・条件）、~なのに、~にもかかわらず（対立）、たとえ~でも
（譲歩）を表す場合がある
　（歌詞中の quand on/tu~は~する時であるとともに、~すれば、~ならば（原因・条件）を
　　示している）

7.　La Marseillaise　　　ラ　マルセィエーズ

1)

Allons enfants de la Patrie　　**Le jour de gloire est arrivé !**
アロン　ザンファン　ドゥ　ラ　パ　トゥりーゥ　　ルジュる　ドゥグロワ　れー　タりヴェー

Contre nous de la tyrannie　　**L'étendard sanglant est levé**　**(Bis)**
コントゥるヌー　ドゥ　ラ　ティらニーゥ　　レ　タンダーる　サングラン　テ　ルヴェー

Entendez-vous dans les* campagnes　**Mugir ces féroces* soldats?**
アンタンデヴー　ダーン　レ　カンパーニュ　　ムージーる　セフェろース　ソルダー

　　　　　（または*nos ノ）　　（*farouches ファるーシュ：ベルリオーズ編曲版）
Ils viennent jusque dans vos* bras Égorger vos* fils, vos* compagnes!
イルヴィエーンヌ　ジュスクダンヴォブらー　エーゴるジェー　ヴォフィス　ヴォコンパーニュ

　　　　　（*nos ノ　とする例あり）

(Refrain)

Aux armes citoyens　　**Formez* vos bataillons**
オザーるム　スィトワヤーン　　フォるメー　ヴォ　バタヨーン

（*Berlioz の編曲では 2 回目 Formons nos bataillons フォるモーンノバタヨーン）

Marchons,*　　　　**Marchons**
マるショーン　　　　　　マるショーン

（*Berlioz の編曲では 1 回目 Marchez, Marchez マるシェーマるシェーと歌唱される）

Qu'un sang impur　　**Abreuve nos sillons**
クアーン　サン　ア*ンピューる　　ア　ブるーヴ　ノスィヨーン

　　　　（*希にカ）

2)

Que veut cette horde d'esclaves　　**De traîtres, de rois conjurés?**
クヴ　セトゥ　オーるドゥ　デエスクラーヴ　　ドゥトゥれートゥる　ドゥろワー　コンジュれ

Pour qui ces ignobles entraves　　**Ces fers dès longtemps préparés? (bis)**
プーるキ　セズィニョーブル　ザントゥらーヴ　セフェーる　デロンタン　プれパれ

原題 **Chant de Guerre Pour l'Armée du Rhin**（ライン軍のための軍歌）

Paroles et Musique de Rouget de Lisle（るージェ・ドゥ・リール）1792 年 4 月 25 日/26 日作

1) 行こう　祖国の子らよ　　　　　　　栄光の時は来た
aller 行く、進む（allons 命令法一複）enfant（男女同形）子ども、息子、娘、子孫、末裔
patrie :f 祖国、故郷　jour :m 日、時期　gloire :f 栄光、名誉、誇り　　arriver 着く、来る、
届く、行く、起こる
我らに向かって　暴政の　　　　　　血濡られし旗が掲げられた　　（繰り返し）
contre に対して、反して、逆らって　tyrannie :f 専制政治、圧制、暴政、横暴
étendard :m 軍旗、旗　sanglant, e 血に染まった、血まみれ、凄惨な、波乱の
lever 上げる、持ち上げる、起こす、取る、除く　bis [bis ビス] :m 二度、再度、アンコール
聞こえるか　皆　　平原の　　　　　あの獰猛な兵士たちの咆哮が
entendre 聞こえる、耳に入る、理解する　campagne :f 田舎、農村、田園、平原、野原、
遠征、戦闘、組織的活動　mugir 鳴く、うなる、とどろく、怒号する、わめく
Féroce 獰猛な、残忍な、冷酷な、すさまじい、恐るべき soldat :m 兵隊、軍人、戦士
farouche （動物が）人になつかない、交際嫌いの、荒々しい、獰猛な、残忍な
彼らはやって来ている皆の(我等の)腕の中にまで　喉を掻き切り殺さんと息子達や妻達を
venir 来る、現れる、至る、生じる jusque まで、するほど bras :m 腕、人出、支流、権力
égorger 喉を切って殺す、生贄として殺す　fils [fis フィス] 息子、子孫、出身者、所産
compagne :f 仲間、女友達、伴侶、妻、愛人（m : compagnon）

武器を取れ　同志たちよ　隊列を組め　進もう　進もう（隊列を組もう　進め　進め）
arme :f 武器、兵器、凶器、部隊、軍隊、紋章　aux armes！武器を取れ、戦闘準備せよ
citoyen, ne 市民、公民、国民、同志　former 組織する、作る、構成する、をなす
bataillon :m 大隊、一団、群れ　marcher 歩く、踏む、進む、動く、うまくいく
(Berlioz の編曲は 1 回目の「進め」の呼びかけに対して、2 回目は「進もう」と呼応する
　劇的構成である)
不浄の血で　　　　　　　　　　　　潤わさん　我々の田畑（畝溝の大地）を
Que + 接続法 (独立節で願望・命令、驚き・憤慨等を表す) sang :m 血、流血、殺戮、血筋
impur, e 不純な、混ぜ物の、不道徳な、みだらな、不浄の abreuver (牛馬に)水を飲ませる、
潤す、多量に与える、浴びせる sillon :m (畑の)畝溝(うねみぞ)、溝、筋、しわ、ひだ、田畑

2) 何を望むのか　この隷属者の群れの　　裏切り者ども　共謀の王族らは？
que 何を　vouloir 欲しい、望む、したい horde :f [ɔrd]（有音の h）（暴徒などの）群れ、
一団、遊牧民 esclave 奴隷、隷属状態の、拘束された、とりこの　traître, sse 裏切り者、
売国奴、謀反人、裏切りの roi :m 王、第一人者、最高　conjuré, e 共謀者、加担者
誰に対し　この卑劣な桎梏（しっこく）　この鉄かせは久しく仕組まれたのか？
ignoble 卑劣な、恥ずべき、ひどく不快な　entrave :f 束縛、桎梏(しっこく)、障害、足かせ
fer :m 鉄、馬蹄、剣、pl.鉄枷 dès (早くも)~から、からすぐに préparé, e 準備された

39

Français, pour nous, ah! quel outrage   Quels transports il doit exciter?
フらンセー　プーるヌ　アケルトゥらージュ　ケール　トらンスポーる　イルドワーテクスィテ

C'est nous qu'on ose méditer   De rendre à l'antique esclavage!
セ　ヌー　コン　ノーズ　メディテー　ドゥ　らンドゥるア　ランティーク　エスクラヴァージュ

3)

Quoi! des cohortes étrangères!   Feraient la loi dans nos foyers!
コワデ　コオるトゥ　ゼ(エ)トゥらンジェーる　　フれ　ラロワー　ダーン　ノフォワイエー

Quoi! ces phalanges mercenaires Terrasseraient nos fiers guerriers!(bis)
コワセ　ファラーンジュ　メるスネーる　　テらスれー　ノー　フィエーるゲりエー

Grand Dieu! par des mains enchaînées Nos fronts sous le joug se ploieraient
グらンディユー　パるデマーン　ザンシェネーゥ　ノー　フろン　スル　ジュー　スプロワれー
(*Dieu! Nos mains seraient enchaînées とする例あり**)**
De vils despotes deviendraient   Les maîtres de nos destinées.
ドゥヴィル　デスポートゥ　ドゥヴィヤンドゥれー　レメートゥる　ドゥノー　デスティネーゥ

4)

Tremblez, tyrans et vous perfides   L'opprobre de tous les partis
トゥらンブレ　ティらン　エ　ヴ　ぺるフィードゥ　ロプろーブる　ドゥ　トゥ　レ　パるティー

Tremblez! vos projets parricides   Vont enfin recevoir leurs prix! (bis)
トゥらンブレ　ヴォプろジェ　パりスィードゥ　ヴォンタンファーンるスヴォワーるルーるプり

Tout est soldat pour vous combattre   S'ils tombent, nos jeunes héros
トゥテ　ソルダー　プーる　ヴコンバートゥる　スィール　トンブ　ノジューヌ　エろー

La terre en produit de nouveaux,   Contre vous tout prêts à se battre.
ラ　テーる　アン　プろドゥィ　ドゥヌヴォー　コントゥるヴー　トゥプれーザ（ア）スバートゥる

フランス人の 我々に対してか あゝ何たる侮辱 どれほどの激情をそれは掻き立てることか
Français, e フランス人 outrage :m 侮辱、凌辱、違反 transport :m 輸送、激情、興奮
devoir しなければならない、にちがいない exciter 興奮させる、怒らせる、かき立てる
我々を ある者たちが断行しようと目論んでいる 古めかしい隷属の身にすることを
oser 思い切って~する、する勇気がある、断行する méditer (計画を)練る、熟考する、目論む
rendre 返す、戻す、にする、出す、表す antique 古代の、大昔の、古めかしい
esclavage :m 奴隷の身分、奴隷制度、隷属状態、束縛、くびき、とりこ

3) 何と 他国の軍勢が わがもの顔にするのか わが母国を！
quoi 何 cohorte [kɔ-ɔrt コオるトゥ] :f 歩兵隊、軍隊、一団、一群 étranger, ère 外国の、他国
の、よその faire 作る（feraient 条件法三複現） loi :f 法律、法則、規則 faire la loi わがも
の顔に振る舞う foyer :m 家庭、家族、故郷、本国、暖炉、源、中心、焦点
何と あの金で仕える傭兵隊が 打ちのめそうとするのか我々の誇り高き戦士達を
phalange :f 軍隊、軍団、集団、指骨 mercenaire 金で働く、金しだいの、報酬目当ての m :(外
国に仕える)傭兵 terrasser （地面に）投げ飛ばす、打ちのめす、土を掘りだす、地ならしする
fier, ère 誇りを持った、自尊心のある、高慢な guerrier, ère 軍人、(昔の)戦士、好戦的な
嗚呼！ 両手を鎖でつながれ 我々は首を拘束されかがみ屈服するのか
dieu :m 神 (grand) dieu ! ああ、おやまあ par によって、～で main :f 手、手腕 enchaîné, e
鎖でつながれた、隷属した、連関した front :m 額、おでこ、顔、頭、様子、態度、正面、
前線、戦場 joug :m くびき、拘束、束縛、支配 se ployer 上体を曲げる、かがむ、屈服する
卑劣な暴君らはなろうとするのか 我々の運命の支配者に
vil, e 卑しい、あさましい、さもしい、卑劣な、卑屈な despote :m 専制君主、暴君、横暴
な人 devenir になる (条件法三複) maître, sse 主人、飼い主、先生、支配者、統率者、長、
親方 destinée :f 運命、宿命、定め、生涯、将来

4) 戦慄せよ 暴君と不逞の輩（やから） 恥ずべきあらゆる徒党
trembler 震える、振動する、揺れる、恐れる、ひどく心配する tyran :m 専制君主、暴君
perfide 不実な、背信の、裏切りの、危険な、偽りの opprobre :m 恥辱、汚名、汚点、辱め
parti :m 党、党派、集団、徒党、解決策、選択、方針
戦慄せよ！ その亡国の目論見 それはついに受けようとしている その報いを！
projet :m 計画、予定 parricide :m 親殺し(の)、尊属殺人(の)、弒(しい/し)逆、(国家)反逆罪
aller 行く、しようとする enfin ついに、最後に recevoir 受ける、貰う prix :m 値段、代償、賞
みな 兵士 奴らに立ち向かおうとする たとえ我らの若き勇士達が倒れても
soldat :m 兵隊、軍人、兵士 combattre 戦う、反対する、立ち向かう
tomber 転ぶ、倒れる、落ちる、あたる、陥る héros [e-ro] :m 英雄、勇士、偉人、主人公
大地は 再び 勇士達を生み出し やつらに対し みな戦う用意がある
terre :f 地球、陸、地面、土地、農地、故郷 produire 生み出す、引き起こす nouveau (pl.x)
nouvelle, s 新しい、今度の、最新の prêt, e 準備のできた se battre 殴り合う、戦う、争う

41

5)

Français, en guerriers magnanimes　Portez ou retenez vos coups!
フらンセ　アンゲりエ　マニャニーム　　　ポるテ　ウ　るトゥーネー　ヴォークー

Épargnez ces tristes victimes　À regret s'armant contre nous (bis)
エーパるニェー　セトゥりーストゥ　ヴィクティーム　ア　るグれ　サーるマン　コントゥる　ヌー

Mais ces despotes sanguinaires　Mais ces complices de Bouillé
メセ　デスポートゥ　サンギネーる　　　メーセ　コンプりース　ドゥ　ブィエー

Tous ces tigres qui, sans pitié　Déchirent le sein de leur mère!
トゥセ　ティーグる　キ　サンピティエー　　　デーシーる　ルサーンドゥルーるメーる

6)

Amour sacré de la Patrie　Conduis, soutiens nos bras vengeurs
アムーる　サクれ　ドゥ　ラ　パトゥりーゥ　コンデュイ　スティアン　ノー　ブら　ヴァンジューる

Liberté, Liberté chérie　Combats avec tes défenseurs!　(bis)
りーべるテ　りーべ(一)るテ　シェーりーゥ　コンバ　(ザ)ア(一)ヴェク　テー　デファンスーる

Sous nos drapeaux, que la victoire Accoure à tes mâles accents
スノ　ドゥらポー　クーラ　ヴィクトワーる　　アークーるア　テ　マール　(ザ)　アクサーン

Que tes (/nos) ennemis expirants　Voient ton triomphe et notre gloire!
ク　テ(ノ)ゼン(/ヌ)ミ　(ゼ)　エクスぴらーン　ヴォワ　トントゥりヨーンフェノートゥるグロワーる

7)　(dit <Couplet des enfants>)

Nous entrerons dans la carrière　Quand nos aînés n'y seront plus
ヌザントゥるろン　ダン　ラ　カりエーる　カン　ノゼネ　ニー　スろン　プりュ

Nous y trouverons leur poussière　Et la trace de leurs vertus (bis)
ヌズィ　トゥるーヴろン　ルーるプスィエーる　エラトゥらース　ドゥー　ルーるヴェるティュ

Bien moins jaloux de leur survivre Que de partager leur cercueil
ビャンモワンジャルードゥルーるスュるヴィーヴる　クードゥ　パるタジェ　ルーるセるクーィュ

Nous aurons le sublime orgueil　De les venger ou de les suivre!
ヌゾろーン　ルスュブりームオるグーィュ　ドゥレーヴァンジェ　ウードゥレスィーヴる

5) フランス人よ　高潔、寛大な戦士として　打撃を与え　あるいは　抑制することもあれ
guerrier, ère 好戦的な、戦争の、軍人、兵士 magnanime 寛大な、寛容な、度量の大きい、
高潔な、高邁な　porter un coup 打撃を与える retenir 保つ、留める、抑える、こらえる
容赦せよ　あのあわれむべき犠牲者達を　心ならずも　武装しているのだ　我々に対して
épargner 貯蓄する、節約する、免除する、容赦する、寛大に扱う、いたわる
triste 悲しい、寂しい、痛ましい、みじめな victime :f 犠牲者、死傷者、罹災者(地)
regret :m 後悔、悔い、残念、惜しさ　s'armer 武装する、身に備える、武器を取る
だが　あの残忍な暴君ら　　　　　あのブイエ(将軍)に加担する者たち
sanguinaire 血を好む、残虐非道な、血みどろな、凄惨な complice 共犯者、加担者
Bouillé　ブイエ（フランス革命期の王党派将軍/侯爵）(仏文3行目が打撃を与える対象)
みなこれらの虎たちは　無慈悲にも　　　引き裂いている　その母親の胸中を
tigre, sse 虎、残忍な人　sans pitié 情け容赦なく déchirer 破る、引き裂く、苦痛を与える
sein :m 乳房、胸、真ん中、心、胸中、内心 mère :f 母、母親、源
6)　祖国への神聖な愛よ　　　　　　　導き、支えたまえ　我らの懲罰の力を
sacré, e 神聖な、聖なる、かけがいのない conduire 導く、運転する、運ぶ soutenir 支える、
力づける bras :m 腕、人手、力 vengeur, eresse 復讐する(者)、報復する(人)、懲罰する(人)
自由よ　愛しき自由よ　　　　　　闘いたまえ　汝の守護者らとともに
liberté :f 自由、釈放、気儘 chéri, e 愛しい、大切な(人) défenseur :m 守る人、守護者、弁護人
我々の御旗のもとに　　　　勝利が　　　　駆け寄らんことを　雄々しき響きにて
drapeau (pl.x) :m 旗、軍隊、理念、旗手 victoire :f 勝利、戦勝 accourir 駆けつける、駆けよる
mâle 雄の、雄雄しい　accent :m 訛り、アクセント、強勢、調子、精彩、響き、(歌)声
汝（我等）が敵は息絶え絶え　　　　目の当たりにせんことを　汝の勝利と我らの栄光を！
ennemi, e[ɛn(ə)-mi エンミ(ㇷ゚ヌミは稀)] 敵、敵国、反対者、障害 expirer 息を吐く、息を引き
取る、死ぬ、消える voir 見える、目に入る、会う triomphe :m 大勝利、大成功、喝采、凱旋
7)（所謂、年少者の節）（第7節の作者不詳）
我々は職責に就こう　　　　　　　　　先人がもうそこにいなくなろうと
entrer 入る、加入する carrière :f 職業、経歴　aîné, e 長男、長女、先輩、先祖、先人
我々は　そこに　見出すであろう　彼らの遺骸を　　そして　その武勇の足跡を
trouver 見つける、思う（未来三複）poussière :f 埃、塵、ごみ、粉塵、名残り、亡骸
trace :f 足跡、跡　vertu :f 美徳、効力、貞節、武勇、勇気
まさに　先人より生き延びることに執着するよりは　むしろその柩をともにすることこそ
jaloux, se 嫉妬した、やきもちの、ねたんだ、執着した survivre より長生きする、生き延びる、
存続する partager 分ける、分配する、ともにする　cercueil :m 棺、柩（ひつぎ）
気高い誇りを持とう　　　　　　　　　先人の仇を討つか　先人の後を追うことに！
sublime 崇高な、気高い、高尚な、卓越した orgueil :m 高慢、思い上がり、慢心、誇り、自慢
venger 復讐する、仇を討つ、仕返しする、名誉回復する suivre 後を追う、続く、従う

43

8. Une belle histoire　Mr.サマータイム　Michel Fugain

1) **C'est un beau roman, c'est une belle histoire**
セタン　ボー　ろマーン　　セ　ティューヌ　ベル　イストワーる

C'est une romance d'aujourd'hui
セ　ティュヌ　ろマーンス　ドジュるドゥュイー

Il rentrait chez lui, là-haut vers le brouillard
イル　らントゥれ　シェ　ルイー　ラーオー　ヴェるル　ブるィヤーる

Elle descendait dans le midi, le midi
エル　デ　サンデー　　ダンル　ミディー　ルミディー

Ils se sont trouvés au bord du chemin
イルスソン　トゥるヴェー　オボーる　ディュ　シューマーン

Sur l'autoroute des vacances
スュる　ロートるートゥ　デーヴァカーンス

C'était sans doute un jour de chance
セテ　サン　ドゥトゥ　アンジューる　ドゥ　シャーンス

Ils avaient le ciel à portée de main
イルザヴェ　ルスィエール　アポーるテ　ドゥ　マーン

Un cadeau de la providence
アン　カドー　ドゥラ　ブろーヴィダーンス

Alors pourquoi penser au lendemain
アロー　ブるコワ　　パンセー　オラーンドゥマーーーン

2) **Ils se sont cachés dans un grand champ de blé**
イルスソン　カシェー　ダーンザーン　グらン　シャン　ドゥブレ

Se laissant porter par les courants
スレサン　ポるテー　パる　レクらーン

Se sont racontés leur vies qui commençaient
スソン　らコンテー　ルーる　ヴィー　キコマンセ

Ils n'étaient encore que des enfants, des enfants
イル　ネテ　タンコーる　クデザンファーン　デザンファーン

44

1) それはある素敵な物語、それは美しい話　　　　それは今日のロマンス

beau, belle 美しい、きれいな、すばらしい　roman :m 小説、物語、出来事

histoire :f 歴史、物語、話　romance :f ロマンス、恋の歌　aujourd'hui きょう、現在

男は家路に向かっていた　北へと　もやの中を

rentrer 帰る、戻る、入る(rentrait 半過去三単、rentra 単純過去三単) chez の家に、において

là-haut あの上に、あそこに　haut 高い、高地の、上部 (地図の上部、転じて、北)

là-bas あちらに、むこうに　vers の方へ、に向かって、のあたりに　brouillard :m 霧、もや

女は下って行くところだった　　　南仏へ　南仏へと

descendre 降りる、下る、地方へ行く（descendait 半過去三単）　　dans の中に、の地域に、

の中へ　midi :m 正午、南部、南 (sud) Midi 南仏

二人は出会った　道の脇で　　　　　　ハイウエーで　休暇中に

se trouver いる、自分を~と思う、互いに出会う　bord :m 端、縁、乗り物　chemin :m 道

autoroute :f 高速道路、ハイウェー　vacances :f.pl 休暇、バカンス

それは間違いなく　　　　　　　巡り合わせの一日だった

doute :m 疑い、疑惑、懐疑　jour :m 日、一日　chance :f 運、機会、チャンス、可能性

二人は天の計らいをその手に授かった　　思いがけない幸運の贈り物

avoir 持つ（avaient 半過去三複）ciel :m 空、天（間投詞：なんと）portée :f 範囲、影響力

main :f 手、手法　à portée de main 手の届くところに　cadeau (pl. x):m 贈り物、プレゼント

providence :f 節理、神、僥倖（思いがけない幸い、偶然に得る幸運）

それで　どうして　考えよう　明日のことなど

alors その時、その頃、それでは、さて　　pourquoi なぜ、どうして、~して何になる

penser 考える、思う　lendemain :m 翌日、（近い）将来

2)　二人は身を隠した　　　　　　　　　　広い麦畑の中に

se cacher 身を隠す、秘密にする、消え失せる　champs :m 畑、野原、田園、場、分野

blé :m 小麦、穀類

流れに身を委ねながら

se laisser される、のままにする、身を任せる　porter 持つ、運ぶ、身につける

courant :m 流れ、電流、動向

（二人は）語り合った　相手に　始まったばかりの互いの人生を

se raconter 自分を語る、語り合う vie :f 生命、人生、生活　commencer 始める

二人はまだ子供でしかなかった　子供だった

ne~que でしかない　être です（étaient 半過去三複）encore まだ、再び、さらに

enfant 子供（男女同形）

45

Qui s'étaient trouvés au bord du chemin
キセテ トゥるヴェー オボーる ディュ シューマーン

Sur l'autoroute des vacances
スュる ロトるトゥ デーヴァカーンス

C'était sans doute un jour de chance
セテ サン ドゥトゥ アンジューる ドゥシャーンス

Qui cueillirent le ciel au creux de leurs mains
キクイる ルスィエール オクるー ドゥ ルーるマーン

Comme on cueille la providence
コムオン クーユ ラ プろヴィダーンス

Refusant de penser au lendemain
るフュザン ドゥパンセー オラーンドゥマーーーン

3) C'est un beau roman, c'est une belle histoire
C'est une romance d'aujourd'hui
Il rentrait chez lui, là-haut vers le brouillard
Elle descendait dans le midi, le midi
Ils se sont quittés au bord du matin
イルスソン キテー オボーる ディュ マーターン

Sur l'autoroute des vacances
スュる ロートるートゥ デーヴァカーンス

C'était fini le jour de chance
セテ フィニ ルジューる ドゥシャーンス

Ils reprirent alors chacun leur chemin
イル るプりる タロー シャカーン ルーるシュマーン

Saluèrent la providence
サリュエる ラ プろヴィダーンス

en se faisant un signe de la main
アンスフザン タンスィーニュ ドゥーラマーーーン

Il rentra chez lui, là-haut vers le brouillard
イルらントゥら シェりュイー ラオー ヴェるル ブるイヤーる

Elle est descendue là-bas dans le midi
エレ デサンディュー ラバダンルーー ミディーーー

C'est un beau roman, c'est une belle histoire
C'est une romance d'aujourd'hui

その二人は出会っていた道の脇で　　　　　　　ハイウエーで休暇中に
それは間違いなく　　　　　　　　　　　　　　巡り合わせの一日だった

二人は天の計らいを摘み取った　　　　　　　　その手のひらに
cueillir 摘む、採る、迎える（cueillirent 単純過去三複）　creux :m くぼみ、へこみ、空洞、
穴　　main :f 手

人々が思いがけない幸運を迎えるように　　　　明日のことなど考えるのを拒みながら
refuser 断る、拒む、拒否する（refusant 現在分詞）

3) それはある素敵な物語、それは美しい話　　　それは今日のロマンス
男は家路に向かっていた　　　　　　　　　　　北へと　　もやの中へと
女は下って行くところだった　　　　　　　　　南仏へ　　南仏へと

二人は別れた　朝になると　　　　　　　　　　ハイウエーで休暇中に
se quitter（互いに）別れる、離別する
bord :m 端、縁、岸　　au bord de の瀬戸際にいる、しようとしている

終わった　その日の巡り合い
fini, e 終わった、仕上がった、どうしようもない、有限の

二人は再び戻った　そして　　　　　　　　　　それぞれの道へ
reprendre 再び取る、戻る、回復する、再び始める（単純過去）chacun 各々、それぞれ、誰も

思いがけない巡り合わせに挨拶した　　　　　　お互い手で合図を交わしながら
saluer 挨拶する、迎える、敬礼する（saluèrent 単純過去三複）signe :m しるし、兆候、
合図　se faire 互いに行う（faisant [f(ə)zɑ̃ フザン] 現在分詞）

男は家路に向かった　　　　　　　　　　　　　北へと　　もやの中へと
女はあちらへ下った　　　　　　　　　　　　　南仏へと
それはある素敵な物語　　それは美しい話
それは今日のロマンス

UNE BELLE HISTOIRE Words & Music by Michel Paul Fugain and Pierre Delanoe

9. C'est en septembre 　故郷 (ふるさと) の九月　　Gilbert Bécaud

1)

Les oliviers baissent les bras
レゾリヴィエー　ベス　レブら

Les raisins rougissent du nez
レ　れザーン　るジース　ディュ ネー

Et le sable est devenu froid
エ ルサーブル エドゥヴニュ フろワ

Au blanc soleil
オ ブラン ソレーィユ

Maîtres baigneurs et saisonniers
メートゥる ベニューる エ セゾニエー

Retournent à leurs vrais métiers
るトゥーるヌ　タルーる ヴれ メティエー

Et les santons seront sculptés
エ レ サントン スろン スキュルテ

Avant Noël
アヴァーン ノエール

C'est en septembre
セ タン セプターンブる

Quand les voiliers sont dévoilés
カーン レ ヴォワリエ ソン デヴォワレ

Et que la plage tremble sous l'ombre
エ ク ラ プラージュ トらンブル ス ローンブる

D'un automne débronzé
ダン ノトーヌ　デーブろーンゼ

C'est en septembre
セ タン セプターンブる

Que l'on peut vivre pour de vrai
ク ロン プ ヴィーヴる プーる ドゥ ヴれ

2)

En été mon pays à moi
アン ネテー モンペイ ア モワ

En été c'est n'importe quoi
アン ネテー セー ナンポるトゥコワ

Les caravanes le camping-gaz
レ カらヴァヌ ル カンピング ガーズ

Au grand soleil
オ グらーン ソレーィユ

La grande foire aux illusions Les slips trop courts, les shorts trop longs
ラグらンドゥフォワーるオズィリュズィヨン レスリプトゥろクーるレショーツトゥろローン

Les hollandaises et leurs melons
レ オランデーズ エ ルーる ムローン

De Cavaillon
ドゥー カーヴァヨーン

48

1) オリーブの木々は枝を垂らし　　　　　葡萄の実は鼻先から赤く染まる

olivier :m オリーブの木　baisser 低くする、下げる、弱める　bras :m 腕、人手、わき枝
raisin :m 葡萄(の実)　rougir 赤くなる、赤らめる、恥じる　　du= de + le　de~の、~から
nez :m 鼻、顔、嗅覚、勘、機首

そして　砂浜は冷め　落ち着きを取り戻す　　　　白んだ日差しのもと

sable :m 砂、砂原、砂漠　devenir（助動詞 être）~になる　　froid, e 冷たい、寒い、冷静な
blanc, che　白い、無色の、潔白の、実体のない、うつろな　soleil :m 太陽、日ざし

海水浴の監視員もこの季節の仕事をしていた人達も　　その本来の仕事に戻る

maître, maîtresse　主人、先生、師、支配者、長、親方　baigneur, se 水浴する人、海水浴客
saisonnier, ère　季節労働者、（シーズンを過ごす）観光客　retourner 戻る、帰って行く
vrai, e 本当の、真実の、正しい　métier :m 職業、仕事、職務、務め

やがて　サントンの人形が彫られるようになる　　　　クリスマスに向けて

santon :m サントン（土人形；キリスト生誕の場面の模型飾り用）sculpter [skylte]
(p は黙字) 彫る、彫刻する　avant 前に、までに　Noël :m クリスマス、キリスト降誕祭

それは　九月　　　　　　　　帆船が帆をおろし

en ~に、~で　septembre m :九月 voilier :m ヨット、帆船　dévoiler 覆いを取る、明らかにする

浜辺が　震えるのは　　　　　　　　日焼け冷めした秋の気配に

plage :f 浜辺、海岸、海水浴場、岸部、幅　trembler 震える、揺れる、おびえる ombre : f
陰、日陰、闇、微量、気配　automne [ɔ(o)tɔn] (m は黙字) m :秋　débronzer 日焼けをなくす

それは　九月　　　　　　　　人がいつもの暮らしに戻れるのは

vivre 生きる、暮らす　pour de vrai 本当に、実際に、本気で

2) 夏の　私の故郷　　　　　　　夏には　それは何でもありになる

été :m 夏、暖かい時期、盛りの頃　pays :m 国、地方、地元、祖国、故郷、町
à ~の（ここでは所属を示す）　n'importe quoi 何でも、どんな物/ことでも

キャンピングカーにキャンプ用のガス　　輝く太陽のもとで

caravane :f キャラバン、隊商、隊列、（旅行者などの）団体、キャンピングカー
camping [kãpiŋ] m : キャンピング　gaz :m ガス、気体

大がかりな（夏の特設）遊園地に奇術の見世物　すごく短かめのショーツ　長めのパンツ

foire :f 見本市、展示会、フェア、市、縁日、お祭り、（特定期間の）遊園地、お祭り騒ぎ
illusion :f 錯覚、幻影、幻想（参考 illusionnisme 手品、奇術）
slip :m パンティー、ショーツ、ブリーフ、水泳パンツ　trop あまりに、~すぎる
court, e 短い　short :m ショートパンツ　long, ue 長い

オランダ娘に　　彼女たちのメロン　　　　カヴァヨン産の（ような）

hollandais, e オランダの、オランダ人（有音の h）:m オランダ語 :f ホルスタイン(乳牛)
melon :m メロン(の実)、山高帽　Cavaillon 南仏の町の名前（メロンの産地）

49

C'est en septembre
セ　アン　セプターンブる

Quand l'été remet ses souliers
カーン　レテ　るーメ　セ　スリエ

Et que la plage est comme un ventre
エク　ラプラージュ　エ　コムアン　ヴァーントゥる

Que personne n'a touché
ク　ぺるソンヌ　ナー　　トゥシェー

C'est en septembre
セタン　セプターンブる

Que mon pays peut respirer
ク　モン　ペイ　プー　れスピれー

3)
Pays de mes jeunes années
ペイー　ドゥ　メ　ジューヌ　ザネー

Là où mon père est enterré
ラ　ウ　モンぺーる　エタンテれー

Mon école était chauffée
モンネコール　エテ　ショフェ

Au grand soleil
オ　グらン　ソレーィユ

Au mois de mai, moi je m'en vais
オ　モワ　ドゥメ　　モワ　ジュマーンヴェ

Et je te laisse aux étrangers
エ　ジュトゥレース　オゼトゥらンジェー

Pour aller faire l'étranger moi-même
プーる　アレフェーる　レトゥらンジェ　モワメーム

Sous d'autres ciels
スードートゥる　スィエール

Mais en septembre
メ　アン　セプターンブる

Quand je reviens où je suis né
カーン　ジュ　るヴィアン　ウ　ジュスュィ　ネ

Et que ma plage me reconnaît
エ　クー　マ　プラージュ　ム　るコネ

Ouvre des bras de fiancée
ウーヴる　デブら　ドゥ　フィアーンセー

C'est en septembre
セタン　セプターンブる

Que je me fais la bonne année
ク　ジュム　フェ　ラ　ボーナネ

.. Ti- la la　La- la　La- la La-　La- li, la la La-
ティララ　ラーラ　ラーララー　ラーリ　ララララー

Ti- la la　Li- la la la Li-　Ti- la la La-
ティララ　リーラララリー　ティラララー

C'est en septembre
セタン　セプターンブる

Que je m'endors sous l'olivier
ク　ジュマンドーる　スーローリヴィエーー

50

それは　九月　　　　　　　　　　夏がまたその靴を履き

remettre 戻す、再び置く、再び身に着ける、手渡す　　soulier :m 靴、短靴

浜辺が　誰も触れたことのない　　　　　お腹のよう（な景色）になる時は

ventre :m 腹、腹部、胎内、ふくらみ、船腹　toucher 触る、触れる、当たる、感動する

（前半の que は先行する接続詞 quand の代用、後半の que は関係代名詞目的語）

それは　九月　　　　　　　　　　私の故郷がほっと息をつけるのは

pouvoir できる、してもよい、かもしれない　respirer 呼吸する、息をつく、ほっとする

（ここの que は関係代名詞、時、ここでは 9 月を示す状況補語）

3)　私が若い頃過ごした故郷　　　　　そこに私の父は埋葬されている

jeune 若い、年下の、未熟な　année :f 年、1 年間、年度、時期　là そこ、あそこ、その時

où 場所、時の関係代名詞　père :m 父　enterré, e 埋められた、埋葬された

私の学校は暖められていた　　　　　大きな太陽のもとで

école :f 学校、小学校、高等専門学校、授業、流派　chauffer 熱くする、暖める、熱狂する

五月になると　私はそこから出かけ　　　私はあなた（故郷）をよその者たちに預けて

mois :m（暦の）月、1 か月、毎月の支払い　mai :m 五月　s'en aller 立ち去る、出かける、行く

消え去る、なくなる　laisser 残す、取っておく、置いておく、別れる、預ける、渡す、譲る

étranger, ère 外国人、よそ者、部外者、見知らぬ人

自分自身もよそ者になろうとする　　　他の土地の空のもとで

aller ～しに行く、しようとする　faire 作る、する、させる、になる　moi-même 私(自分)自身

sous の下で、の内部で　autre ほかの、異なった　ciel :m 空、天気、天、風土、地方

でも　九月に　　　　　　　　　　私が生まれたところに帰ると

revenir 戻る、再び来る、帰着する、回復する　naître 生まれる、誕生する、生じる、起こる

故郷の浜辺は私を覚えていてくれて　　　腕を広げ（迎え）る　フィアンセ(のように)

reconnaître 覚えている、それとわかる、識別する、認める　ouvrir 開ける、開く、開始する

bras :m 腕、働き手　fiancé, e 婚約者、フィアンセ、いいなずけ

それは　九月　　　　　　　　　　私が新たな年月を歩むのは　　　ティララ・・・

faire 作る、する、させる、なる　bonne année 新年[bɔ-nane]（リエゾンの場合、非鼻母音化）

それは　九月　　　　　　　　　　私が眠りにつくのは　　オリーブの木の下で

s'endormir 眠り込む、寝つく、怠ける、惰眠をむさぼる、うつつを抜かす

C'EST EN SEPTEMBRE Words & Music by Neil Diamond, Gilbert Becaud and Maurice Vidalin

10.　Comme un soleil　太陽のように

Nana Mouskouri / Michel Fugain

*　**Comme un soleil,**　**comme une éclaircie**
コームアン ソレーイユ　　コムユヌエークレーるスィー

Comme une fleur　**que l'on cueille entre les orties**
コームユーヌ　フルーる　　ク ロン クーユ アーントゥるレーゾるティー

Il (Elle) doit venir,　**comme vient le beau temps**
イール（エール）ドワー ヴニーる コーム　ヴィヤーン ル　ボーターン

Il (Elle) doit venir　**comme vient le printemps　***
イール（エール）ドワー ヴニーる コーム　ヴィヤーン ル ブらンターン

Demandez-moi tout ce que vous voulez
ドゥマンデ モワー トゥスク ヴー　ヴレー

Et sans regrets je vous le donne
エ サンるグれー　ジュヴルドーヌーー

Mais dites-moi où je le (la) trouverai
メ ディトゥモワー ウジュ ル（ラ）トゥるーヴれー

Celui (Celle) qui comprendra,　**celui (celle) qui me dira**
スリュイ（セル）キーコンプらンドゥら　スリュイ（セル）キーム ディらー

"Où que tu ailles je vais avec toi
ウ クティュアーユ ジェヴェ　ザ（/ア）ヴェクトワー

Quel que soit le chemin, je te suis pas à pas"
ケルクソワー ルシュマーン　ジュ トゥスュイ パザパー

Et s'il m'arrivait alors de tomber　**C'est lui (elle) qui me relèverait**
エ スィル まりヴェ タロー ドゥートンベ セリュイ（セテル）キームー るレーヴれーー

1)　太陽のように　　　　　　　　　　晴れ間の陽の光のように
comme のように　soleil :m 太陽、日光、太陽のような人/もの（権勢、幸福の源泉）
éclaircie :f 晴れ間、雲の切れ目、好転
イラクサの中から摘み取る　　　　　　　花のように
fleur :f 花、花飾り　cueillir 摘む、採る、迎える　entre の間に　ortie :f イラクサ

その人はきっと来る　　　　　　　　　晴れの日がくるように
Il 彼は　elle 彼女は devoir するにちがいない、しなければならない、することになっている
（doit 三単現）venir 来る　（vient 三単現）　beau (pl. x), belle 美しい、すばらしい、晴れた
temps :m 時間、時期、天気
その人はきっと来る　　　　　　　　　　春が来るように
printemps :m 春、若さ

求めるなら　私に　　　　　　　　すべて　あなたの望むものを
demander 求める、頼む、尋ねる　tout, e すべて　vouloir 欲しい、望む、したい
そしたら　悔やむことなく　　　　　　　私はあなたにそれを与える
et（結果）なので、それで、そうしたら　sans なしに　regret :m 後悔、悔い、残念

でも　教えて（ください）私に　　　　どこに　その人が　いる（見つかる）の
dire 言う、教える、告げる（dites 命令法二複）où どこに　le 彼を、それを　la 彼女を
trouver 見つける、会う（trouverai 単純未来一単）
理解しようとし　　　　　　　　　　私にこう語ろうとする人
celui, ceux（男性形）, celle, celles（女性形）それ、その人　comprendre わかる、理解する
(comprendra 単純未来三単)

「どこにあなたが行こうとも　　　　　私も行く　あなたととも
où que+接続法：どこで~しようとも　aller 行く（ailles 接続法二単）avec とともに、一緒に

どのような道であれ　　　　　　　　私はあなたについて行く　一歩ずつ」と
quel que+être 接続法 ：　~がどんなものであろうとも（soit 接続法三単）chemin :m 道、
道路、行程、道のり suivre ついて行く、後を追う、続いて起こる（suis 一単現）
pas à pas 一歩一歩、少しずつ
そして　もし私がくじけたら　　　　　その人こそ私を起き上がらせてくれるような
s'il=si+il の縮約形　si もし~なら arriver 着く、やって来る、起こる、することがある、
たまたま~する（arrivait 半過去三単）alors その時、その頃　tomber 転ぶ、倒れる、落ちる
lui/elle 彼/彼女（強勢形）relever 上げる、起こす、引き上げる（relèverait 条件法三単）

2)

   *   Comme un soleil,   comme une éclaircie
       Comme une fleur   que l'on cueille entre les orties
       Il (Elle) doit venir,   comme vient le beau temps
       Il (Elle) doit venir   comme vient le printemps   *

Demandez-moi tout ce que vous voulez
ドゥマンデ　モワー　トゥスク　　　ヴー　ヴレー

De ne plus jamais voir personne
ドゥヌ　プリュージャーメ　ヴォワーるぺるソーンヌーー

De renoncer aux parfums de l'été
ドゥるノンセー　オパるファーン　ドゥ　レテー

Aux accords de guitare, aux fumées de la gloire
オザコーるドゥギターる　　オフュメー　ドゥーラグロワーる

Demandez-moi de ne plus croire en rien
ドゥマーンデモワー　ドゥヌプリュ　クろワーるアンりヤン

Pourvu que je le (la) voie au bout de mon chemin
プるヴィュクー　ジュー　ル（ラ）ヴォワー　オブードゥーモーンシュマーン

Demandez-moi tout ce que vous voulez
ドゥマンデモワー　　トゥスク　　　ヴーヴレー

Mais dites-moi où le (la) trouver
メ　ディトゥモワー　ウ　ルー　（ラー）トゥるヴェーー

       {au Refrain}

COMME UN SOLEIL

Words by Pierre Delanoe & Mechel Fugain Music by Michel Fugain & Georges Blaness

2）太陽のように　　　　　　　　晴れ間の陽の光のように
イラクサの中から摘み取る　　　花のように
その人はきっと来る　　　　　　晴れの日がくるように
その人はきっと来る　　　　　　春が来るように

求めるなら　私に　　　　　　　すべて　あなたが望むことを

もうほかの誰も見ないでと
ne~plus もう〜ない　jamais 決して、全然、まったく　personne 誰も

夏の香りも捨て
renoncer à~ をあきらめる、断念する、捨てる、やめる parfum :m 香り、香水、風味
été :m 夏、盛り

ギターの響きも　　　　　　　　栄光の陶酔も（捨てて）と
accord :m 同意、仲のよさ、協定、和音、コード　guitare :f ギター
fumée :f 煙、湯気、酒気、酔い、陶酔　gloire :f 栄光、名誉、功績

求めるなら　私に　　　　　　　もうほかに何も信じなくてよいと
croire 信じる、と思う　rien 何も

ただ　私がその人に会えさえすれば　　私の歩む道の先に
pourvue que+接続法：しさえすれば、であればよいが　voir 見る、会う（voie 接続法一単）
bout :m 端、先、終わり、少しの

求めるなら　私に　　　　　　　すべて　あなたが望むものを
でも　　教えて私に　　　　　　どこに　その人がいるの

参考１：Demandez-moi は命令法。命令法は命令のほか、希望、勧誘、懇願、祈願を表す。
　　　　また、主として二人称複数において仮定ないし譲歩を意味する場合がある。
　　　　この歌詞では、強い命令/指示よりも「求めて (ほしい/ください)」（希望/祈願/懇願）、
　　　　あるいは、「求めるなら」（仮定）の意味合いを持つ。
参考２：天体としての太陽は通常、共通に互いに認識されたものとして定冠詞 le が付く。
　　　　この歌詞ではまだどれか特定されていない（不特定な）対象として不定冠詞 un
　　　　が用いられている。尚、種類・様態を説明する際も不定冠詞 un/une が付く。
　　　　　例：un seul soleil たった一つの太陽　un soleil brûlant 灼熱の太陽

11. Mon cœur est un violon　　私の心はヴァイオリン

1)　Lucienne Boyer, Lucienne Delyle, André Claveau, Lia Origoni, Jacqueline François 他

Mon cœur est un violon
モーンクー るエタン ヴィーオローン

Sur lequel ton archet joue
スュる ルケル トーンナるシェ ジュー

Et qui vibre tout *du long
エー キ ヴィブる トゥ ディュ ローン

Appuyé contre ta joue
アーブィエ コーントゥる タジュー

(tout *au ト ゥ トで歌唱の場合あり)

Tantôt l'air est vif et gai
ターント レーるエ ヴィフ エゲー

Comme un refrain de folie
コームアン るーフらーン ドゥ フォリーゥ

Tantôt le son fatigué
ターント ル ソン ファティゲー

Traîne avec mélancolie
トゥれーヌ ア ヴェク メランコリーゥー

Dans la nuit qui s'achève
ダーンラ ニュイ キー サシェーヴー

Mon cœur est plein de toi
モンクー るエ ブラン ドゥトワー

La musique est un rêve
ラ ミューズィケー タン れーヴー

Qui vibre sous tes doigts
キー ヴィーブる スー テ ドワー

Sous tes doigts la caresse
スー テドワー ラ カーれースー

Rend mon désir si fort
らーン モン デズィーる スィ フォーる

Qu'il va jusqu'à l'ivresse
キルヴァ ジュスカ リーヴれースー

Et meurt à la fin de l'accord
エムーる ラ ファン ドゥ ラコーる

2)

Mon cœur est un violon
Et qui vibre tout du long
Tantôt l'air est vif et gai
Tantôt le son fatigué

Sur lequel ton archet joue
Appuyé contre ta joue
Comme un refrain de folie
Traîne avec mélancolie

Et vibrant à l'unisson
エ ヴィブらーン *タ リュニソーン

Mon cœur est un violon...

（＊アの歌唱例有り）

Paroles et Musique de Miarka Laparcerie, d'après un poème de Jean Richepin

56

1） 私の心はヴァイオリン　　　　　　　その(ヴァイオリンの)上をあなたの弓が奏でる

cœur :m 心、気持ち、心臓、胸　violon :m バイオリン　lequel 関係代名詞（男性単数）それ

archet :m 弓　jouer 演奏する、(試合・ゲームを)する、遊ぶ、戯れる

そして (ヴァイオリンは) 響いてる　ずっと　あなたに頬寄せて

qui 関係代名詞　vibrer 振動する、ふるえる、感動する　tout du long ずっと、いつも

appuyé, e もたれかかった、支えられた contre に対して、にくっついて　joue :f 頬

ある時は　旋律はいきいきと楽しく　　　繰り返す歌のように夢中に

tantôt ある時は、午後　air :m 曲、歌、旋律 vif, vive 活発な、激しい gai, e 陽気な、楽しい

refrain :m リフレイン、繰り返し　folie :f 狂気、ばかげたこと、熱狂、夢中

またある時は　音色はけだるく　　　　　長く響く　愁いとともに

son :m 音、響き、音声　fatigué, e 疲れた、うんざりした、弱った

traîner 長引く、間延びする、引きずる mélancolie :f 憂鬱、愁い

夜も終わる頃には　　　　　　　　　　私の心はあなたへの想いで満ちている

nuit :f 夜　s'achever 終わる、完了する、へとへとになる　plein, e いっぱいの、満ちた

その音楽は夢のよう　　　　　　　　　奏でられる　あなたの指で

rêve :m 夢、理想、憧れ　　doigt :m 指

あなたの指に触れられると　　　　　　私の願いが　とてもふくらみ

caresse :f 愛撫、優しく触れること、なでる　rendre を~にする、出す、表す、返す、戻す

désir :m 欲望、願望、性欲　si とても、たいへん、それほど　fort, e 強い、激しい、多大な

酔ってしまうほど　　　　　　　　　そして行き果てる　調べの最後に

si+形容詞/副詞+que とても~なので・・だ　aller jusqu'à ~ するまでになる（va 三単現）

ivresse :f 酔い、陶酔、忘我 mourir 死ぬ、消える fin :f 終わり、最後

accord :m 和合、同意、仲のよさ、同調、一致、和音、調べ、響き

2）　（4行まで1番の歌詞と同じ）

そして　震えながら　一緒に

vivrant, e 振動する、よく響く、感動している、高ぶった、感じやすい

unisson :f ユニゾン（仏語の発音はユニソン）、斉唱、一致

参考：cœur [kœ:r]の発音；　[œ] (ウ/エ) は舌が比較的前よりの位置にある「クーる」、
場合によって「ケーる」「カーる」「コーる」）のようにも聞こえる中間的な響きを持つ。

12. Les anges dans nos campagnes

天（あめ）のみつかいの ／ 荒野（あらの）の果てに*

1)

Les anges dans nos campagnes
レーザーンジュ ダーンノー カンパーニュ

Ont entonné l'hymne des cieux,
オーンタントネー リー ムヌー デスィユー

Et l'écho de nos montagnes
エーレーコー ドゥー ノーモンターニュ

Redit ce chant mélodieux
るーディスシャーン メーローディユ

Gloria in excelsis Deo
グローーりア イン エクチェルスィスデーオ

Gloria in excelsis Deo
グローーりア イン エクチェルスィスデーオ

2)

Bergers, pour qui cette fête ?
べーるジェーブーるキー セートゥフェートゥ

Quel est l'objet de tous ces chants ?
ケーレ ロブジェー ドゥートゥーセシャーン

Quel vainqueur, quelle conquête
ケールヴァーンクーる ケールーコンケートゥ

Mérite ces cris triomphants :
メーりトゥ セークりートゥりーヨンファーン

Gloria in excelsis Deo

Gloria in excelsis Deo

3)

Ils annoncent la naissance
イルザノーンスー ラーネサンス

Du libérateur * d'Israël
ディュ リべらトゥーる ディースらエル

(*又は **Du saint rédempteur** ディュサン れダンプトゥーる)

Et pleins de reconnaissance
エーブラン ドゥーるーコーネサンス

Chantent en ce jour solennel :
シャーントゥ アンスー ジューる ソーラネル

Gloria in excelsis Deo

Gloria in excelsis Deo

*歌のタイトル：カトリック聖歌集では「天（あめ）のみつかいの」、プロテスタント系で
ある日本基督教団の讃美歌では「荒野（あらの）の果てに」

1)

天使たちは　私達の野原で　　　　　　　　　　　　　　　歌い出した　天国の讃美歌を

ange :m 天使　campagne :f 田舎、農村、野原、平原、遠征、キャンペーン

entonner 歌い出す、音頭を取る　　hymne :m 讃歌 :f/m 聖歌、賛美歌

ciel (pl. cieux) :m 空、天気、天、天国、風土

すると　山彦は　　　　　　　　　　　　　　　　繰り返す　この美しい調べを

écho :m こだま、反響、反応、うわさ　　montagne :f 山、山岳、山岳地方、登山

redire 再び言う、繰り返し言う、言いふらす（redit 三単現）　chant :m 歌、歌曲、歌唱、詩

mélodieux, se 旋律の美しい、美しい調べの

いと高きところには神に栄光がありますように

gloria 栄光（の讃歌）、グロリア　in において　excelsis 非常に高いところ　deo 神に

歌唱の発音は教会ラテン語（古典ラテン語ではない）

2)

羊飼いらよ　誰のため　このお祝いは？　　　　　　　　どんな目的　すべてこれらの歌声は？

bertger, ère 羊飼い　pour のために　qui 誰　fête :f 祝祭、祭日、休暇、祝宴、楽しみ、喜び

quel,quelle 何、どれ、誰、どれだけ、どんな　objet :m 物、物体、対象、目的、意図

tout,e (pl.tous,toutes) すべて、まったく、まさしく

どのような勝者　どのような獲得が　　　　　　　　　　ふさわしいのか　この勝利の叫びに

vainquer :m 勝利者、勝者、征服者 conquête :f 征服、獲得、魅了 mériter 値する、相応しい

貢献する　cri :m 叫び声、大声、泣き声、訴え　triomphant, e [trijɔ̃fɑ̃, ɑ̃t トゥリヨンファン、

ファーントゥ] 勝ち誇った、大勝利、大成功の、凱旋の

3)

天使たちは告げる　生誕を　　　　　　　　　　イスラエルの救い主の（聖なる贖い主の）

annoncer 知らせる、告げる、報じる、前兆となる naissance :f 誕生、出生、始まり、起点

libérateur, trice 解放者、救い主、救世主　Israël :m イスラエル

rédempteur, trice 贖罪の（人）、贖いの（罪を償う）、贖い主

そして　感謝に満ちて　　　　　　　　　　　歌い讃える　この日　厳かに

plein, e いっぱいの、詰まった、満ちた、多い reconnaissance :f 感謝、謝意、認知、認証

chanter 歌う、たたえる　jour :m 日、曜日　solennel [sɔlanɛl ソラネル] 盛大な、荘厳な、

厳粛な、おごそかな、正式の

4)

Cherchons tous l'heureux village   Qui l'a vu naître sous ses toits
シェるショーントゥースールーるーヴィラージュ キーラヴュ ネートゥる スーセトワー

Offrons-lui le tendre hommage   Et de nos cœurs et de nos voix :
オフロッリュイ ルーターンドゥる オマージュ エードゥノクーる エードゥーノヴォワー

Gloria in excelsis Deo   Gloria in excelsis Deo

5)

Bergers, quittez* vos retraites,   Unissez-vous à leurs concerts,
べるジェー キーテーヴォーるトゥれートゥ ユーニセーヴー アールーるコンセーる
                     (*又は **loin de** ロワン ドゥ)

Et que vos tendres musettes   Fassent retentir* les airs
エークーヴォー ターンドゥるーミュゼートゥ ファース るーターンティーる レゼーる
                     (*dans ダンを入れる場合あり)

Gloria in excelsis Deo   Gloria in excelsis Deo

****

(Mister/Miss Toony の歌詞 構成:上述の1番、5番、及び、下記)

Les anges dans nos campagnes   Chantent encore chantent toujours
レーザーンジューダーンノーカンパーニュシャーントゥタンコーるシャーントゥトゥジューる

Et l'écho de nos montagnes   Renvoie ce doux chant d'amour
エーレコー ドゥーノーモンターニュ らーンボワースードゥーシャーンダムーる

Gloria in excelsis Deo   Gloria in excelsis Deo
グローーりア イン エクチェルスィスデーオ グローーりア イン エクチェルスィス デーオ

フランス伝統的キャロル　作者不詳
Gloria の"o"のメリスマ（melisma: 歌詞の1音節にいくつかの音符を当てはめる曲付け）
は米国のオルガン奏者 Edward Shippen Barnes による編曲
英文楽曲名：Angels We Have Heard on High
（歌唱の順番、割愛、及び、歌詞の内容は歌手・団体により異なります。）

4)
探しましょう みな 幸いなる村を 主が生まれるのを見届けた(村を)　　その屋根の下で
chercher 探す、求める、迎えに行く　tous すべて(の人・もの) 形容詞の時[tu]トゥ、代名詞の
時[tus]トゥス　heureux,se 幸せな、幸福な、うれしい　village :m 村、村民　l'a=le+a :
le 彼、それ（ここでは libérateur/rédempteur）、a は複合過去助動詞 avoir の三人称単数
voir 見る（vu 過去分詞）　naître 生まれる、誕生する、生じる、起こる　toit :m 屋根、家

捧げましょう 救い主に 愛をこめた賛辞を　　　　私たちの心から 私たちの歌声で
offrir 贈る、プレゼントする、おごる、申し出る　tendre 柔らかい、優しい、愛情のこもった
hommage :m 敬意、尊敬、賞賛、賛辞、挨拶、献呈　de 〜の、〜から、〜で、〜を使って
cœurs :m 心、胸、心臓、気持ち　　voix :f 声、音程、意見、(選挙の)票

5)
羊飼いらよ 離れて 隠遁の暮らしから　　　一緒になってください 天使たちの合唱に
quitter 離れる、去る、別れる、やめる、脱ぐ　　loin 遠くに、離れて
retraite :f 引退、退職、年金、隠れ家、黙想、帰営のラッパ/太鼓　s'unir 結びつく、団結する、
結束する、連合する（unissez-vous 命令法二複）　leur (pl.~s) 彼らの、彼女らの、それらの
concert :m コンサート、演奏会、合唱団、楽団、協同

そして　あなたたちの優しいミュゼット（バグパイプ）が　響きわたらせますように歌声を
musette :f ミュゼット（バグパイプの一種）、布袋、かばん
faire させる、する、作る、引き起こす（fassent 接続法三複）
que+接続法：独立節で願望・命令、あるいは、驚き・憤慨を表す
retentir 響く、響きわたる、鳴り響く、反響する、影響する　dans の中に、(時間)後に
air :m 空気、大気、風、航空、空、雰囲気、様子、表情、曲、歌、アリア

いと高きところには神に栄光がありますように
****
天使たちは私たちの野原で　　　　　　　　なお　歌い　ずっと　讃える
encore まだ、なお、依然として、まだ、また、ふたたび、もっと　toujours いつも、常に

すると　山彦は　　　　　　　　　　　　送り返す　この優しい　愛の歌を
renvoyer 送り返す、返送する、再び送る、戻らせる、追い出す、解雇する、
doux, ce 甘い、甘美な、心地よい、優しい、愛情のこもった、温和な、柔らかい

いと高きところには神に栄光がありますように

13. Qui a le droit? キ ア ル ドゥロワ 権利は誰に

Patrick Bruel

1)

On m'avait dit : "Te pose pas trop d' questions*.
オンマヴェディー　　トゥポーズパ トゥろー ケスティオン

Tu sais petit, c'est la vie qui t' répond.
ティュセープティ セラヴィ　キー トゥれポーン (＊d'ドゥは歌唱しない)

A quoi ça sert de vouloir tout savoir ?
アコワ サセーる ドゥヴロワーる トゥー サヴォワーる

Regarde en l'air et vois c' que tu peux voir."
るガーるドゥアンレーる エヴォワ スクティュー ブーヴォワーる

On m'avait dit : "Faut écouter son père."
オンマヴェディー　　フォ エークテー ソンペーる

Le mien a rien dit, quand il s'est fait la paire.
ルミヤン アりヤーンディ　カンティルセフェー ラペーる

Maman m'a dit : "T'es trop p'tit pour comprendre."
ママーン マディ　　テトゥろ プティ プーるコンプらーンドゥる

Et j'ai grandi avec une place à prendre.
エジェ グらーンディ アヴェクュヌ プラース アプらーンドゥる

Qui a le droit, qui a le droit,　**Qui a le droit d' faire* ça**
キアール ドゥろワー キアール ドゥろワー キーアールドゥろワーーー フェーるサー
(＊d'ドゥは歌唱しない)

A un enfant qui croit vraiment　**C' que disent les grands ?**
アー アーンナンファン キークろワー ヴれマン　スクディーズ レーグらーン

On passe sa vie à dire merci,　**Merci à qui, à quoi ?**
オンパースサヴィー アーディーるめるスィー　めるスィー アキーーーア コワー

A faire la pluie et le beau temps　**Pour des enfants à qui l'on ment.**
アー フェーるラプリュイ エール ルー ボータン　プーるデーザンファーン アキロンマーン

62

1) 私は言われてた：　　　　　　　　　「あまり考えすぎないように

on 人、人々、私達　dire 言う、語る、話す（dit 過去分詞、avait dit 大過去三単、disent 三複数）　se poser la question 自問する、どうかなと思う（pose 命令法二単）

pas ない、しない（歌詞では ne を表略）　trop あまりに、~しすぎる、多くの、非常に

わかるでしょう、君　　　　　　　　生きている間に答えは得られる

savoir 知る、わかる（sait 二単数現）petit, e 子供、君　vie :f 生命、人生、生活　t' = te 君に、あなたに、君を、あなたを　répondre 答える、返事する（répont 三単現）

何の役に立つのかい　　　　　　全て知りたいと思ったところで？

quoi 何　servir 食事を出す、仕える、役立つ（sert 三単現）vouloir 欲する、望む、したい savoir 知る

空を見上げ 自分で見れるものを見ればいい」と

regarder 見る、眺める、かかわる（regarde 命令法二単）　air :m 空気、風、空

voir 見る（vois 命令法二単）　pouvoir できる（peux 二単現）

私は言われてた：　　　　　　　　「君の父親の言うことを聞くべきだ」と

falloir 必要である、しなければならない、すべきである(faut 三単現：歌詞では非人称主語 il を省略)　écouter 聞く、従う père :m 父、父親

でも私の父は何も言わなかった　　　　その時　父は素早く立ち去った

mien, ne 私のもの、身内　ne~rien 何も~ない（歌詞では ne を省略）　se faire 作る、する、なす（fait 過去分詞）　paire :f 一対、一組、ペア se faire la paire 逃げ出す、すばやく立ち去る (de jambes 両足で :が省略されている)

母は私に言った：　　　　　　　　「お前はまだ若すぎる　ものごとを理解するには」

maman :f ママ、母親、母さん T'es=Tu es (es : être 二単現)　comprendre 理解する、判る

そして私は育った　　　　　　別の（/新たな）状態を得て

grandir 成長する、大きくなる、増大する avec と共に place :f 場所、スペース、席、居場所

prendre 取る、持って行く、着る、買う prendre la place de にとって代わる

誰にあるのか 権利は　誰にあるのか　権利は　誰にあるのか　そのようにする権利が？

qui 誰が　avoir 持つ、ある（a 三単現）droit :m 権利、法律、税、~する権利、許可、資格

子供に対して　　子供は信じている本当に　　大人たちが言うことを

enfant 子供（男女同形）croire 信じる（croit 三単現、croient 三複現）

vraiment 本当に、実際に grand, e 大人、年長の子ども

みな感謝すべき人生を送る　　　　　　誰に感謝　何に？

passer 通る、進む、過ぎる　merci 有難う、結構です

雨（不幸）にも晴れ（幸福）にもするのに子供たちに対して大人は真実を伝えようとしない

pluie :f 雨、雨降り　beau temps 晴天　faire la pluie et beau temps 大きな権力/影響力を持つ、すべてを決める/支配する、牛耳る（天候をも支配する力：神話に依拠する表現）

mentir 嘘をつく、騙す、偽る、欺く、事実を伝えない（ment 三単現）

2) **On m'avait dit que les hommes sont tous pareils.**
オンマヴェディー　クレゾム　ソン　トゥースパれイユ

Y a plusieurs dieux, mais y' a qu'un seul soleil.
ヤ　ブリュズィユーる　ディユ　メ　ヤカッ　スールソレーィユ

Oui mais, l' soleil il brille ou bien il brûle.
ウィ　メ　ル*ソレーィユ　イルブリル　ウビヤーン　イルブリュール
(*l'ルは発音しない場合もある)

Tu meurs de soif ou bien tu bois des bulles.
ティュムーる　ドゥーソワフ　ウビヤン　ティュボワー　デ　ビュール

A toi aussi, j' suis sûr qu'on t'en a dit,
アトワ　オスィ　ジュスュィ　スューる　コンターンナディ

De belles histoires, tu parles... que des conneries !
ドゥベル　ズィストワーる　ティュ　パるル　クデ　コンり

Alors maintenant, on s' retrouve sur la route,
アロー　マントゥナン　オンスるトゥるーヴ　スューるラるートゥ

Avec nos peurs, nos angoisses et nos doutes.
アヴェクノブーる　ノザッゴワース　エノー　ドゥートゥ

Qui a le droit, qui a le droit	**Qui a le droit d' faire ça**
A des enfants* qui croient vraiment	**C' que disent les grands ?**
アー　デーザンファン　(*A un enfant qui croit の歌唱例あり)	
On passe sa vie à dire merci,	**Merci à qui, à quoi ?**
A faire la pluie et le beau temps	**Pour des enfants à qui l'on ment.**

QUI A LE DROIT　　Words by Gerard Presgurvic　　Music by Patrick Bruel

© Copyright by UNIVERSAL MCA MUSIC PUBLISHING All Rights Reserved. International Copyright Secured.

Print rights for Japan controlled by Shinko Music Entertainment Co., Ltd.

2)　私は言われてた　　　　　　　　　　　　　　　　　人間なんてみな同じ
homme :m 人間、人、男　pareil 同じ、似た、このような

神は幾つもいても　　　　　　　　　　　　　　　太陽はたった一つだけ　と
plusieurs いくつもの、何人もの　dieu (pl.x) :m 神、偶像　seul, e ただ一つの、唯一の、一人
の　ne~que~しか~ない（口語では ne を省略することがある）soleil : m 太陽　（唯一物を示す
名詞でも具体的に印象する場合、不定冠詞を取りうる：例 un soleil ardent 灼熱の太陽）

そう　だけど　あの太陽は輝けるか　　　　　　　そうでなければ　燃え尽きてしまう
oui はい　maius しかし、さて、(強調)全く、もちろん、いったい　briller 輝く、光る、際立
つ、秀でる　ou または、すなわち、~かそれとも~か、さもなければ~ brûler 焼く、燃やす
あなたは喉が渇いて死んでしまうかそうでなければ泡だった飲み物を飲める（暮らし）かだ
mourir 死ぬ、枯れる、消える（meurs 二単現）　soif :f 渇き、渇望、熱望
boire 飲む（bois 二単現）　　bulle :f 泡

あなたにもまた　私は確信している　　　　　　　あなたもこんなことを言われたと
aussi 同じく、もまた、さらに　sûr, e 確信している、自信がある、確実な、安全な
幾つものもっともらしい話を　　　　よく言うよ　　　　ばかげた話でしかない！
de : 複数形容詞+複数名詞の前の不定冠詞 des は多く de となる
beau, belle 美しい、すばらしい、結構な、(反語的）くだらない、ひどい
histoire :f 歴史、物語、話、出来事　parler 話す　que でしかない、すぎない（ne は省略）
connerie [kɔnri コンり] :f ばからしさ、ばかげたこと、しくじり、失敗

だから　今　　　　　　　　　　みな　本来の自分を取り戻そう　歩む道のり（人生）に
alors その時、それでは、さあ　maintenant 今　se retrouver また出会う、戻る、自分を取り戻す
route :f（都市間の）道路、街道、道のり、旅、路線、ルート、（人生の）道、進路

私達の恐れ、私たちの苦悩、　　　　　　　そして私たちのいだく疑念と共に
peur :f 恐怖、恐れ、心配、不安　angoisse :f 不安、恐れ、苦悩、苦悶
doute :m 疑い、疑惑、疑念、迷い

誰にあるのか　権利は　誰にあるのか　権利は　誰にあるのか　そのようにする権利が？
子供たちに対して　子供は信じている本当に　　大人たちが言うことを
みな感謝すべき人生を送る　　　　　　　　　　誰に感謝し　何に？
雨（不幸）にも晴れ（幸福）にもするのに
子供たちに対して　大人は真実を伝えようとしない

65

14. Aux Champs-Elysées　　オ シャンゼリゼ

Joe Dassin / Danièle Vidal

1)

Je me baladais sur l'avenue　　　**le cœur ouvert à l'inconnu**
ジュム バラデ　スューるラヴニュ　　ルクー るヴェーる ア ランコニュ

J'avais envie de dire bonjour　　**à n'importe qui**
ジャヴェ ザンヴィ ドゥディる ボンジューる　ア ナーンポるトゥ キ

N'importe qui et ce fut toi,　　**je t'ai dit n'importe quoi**
ナンポるトゥ キ　エスフュトワ　　ジュテディ ナーンポるトゥコワ

Il suffisait de te parler,　　**pour t'apprivoiser**
イルスュフィゼー ドゥトゥパるレ　　プる タプりヴォワゼー

　　Aux Champs-Elysées,　　　**aux Champs-Elysées**
　　オー　　シャンゼリゼー　　　オー　　シャンゼリゼー

　　Au soleil, sous la pluie,　　**à midi ou à minuit**
　　オ ソレイユ スラプリュィ　　アミディ ウ アミニュィ

　　Il y a tout ce que vous voulez　　**aux Champs-Elysées**
　　イリヤ　トゥスク ヴヴレ　　オシャンゼリゼー

2)

Tu m'as dit "J'ai rendez-vous　　**dans un sous-sol avec des fous**
ティュマディ　ジェらンデヴ　　ダンザン スソル　アヴェク デフ

Qui vivent la guitare à la main,　　**du soir au matin"**
キヴィヴ ラ ギターるアラマーン　　ディュソワーる オマターン

Alors je t'ai accompagnée,　　**on a chanté, on a dansé**
アローージュテ アコンパニェ　　オンナシャンテ オンナダンセ

（**on a dansé, on a chanté** の歌唱例あり）

Et l'on n'a même pas pensé　　**à s'embrasser**
エロンナ　メームパ　パンセ　　アサーンブらーセ

66

1) 私は散歩していた　　　　大通りを　　　　　　　　心を開き　　　　　見知らぬ人にも
se balader 散歩する、ぶらつく（baladais 半過去一単）　　avenue :f 大通り、並木道
cœur :m 心、心臓、胸　ouvert, e 開いた、あいた　　　inconnu,e 見知らぬ人、未知のもの

私は言いたかった　　　「こんにちは」と　　　　　　　誰にでも
envie :f 欲求、欲望、羨望　avoir envie de ~がほしい、したい　dire 言う、話す（dit 過去
分詞）　bonjour :m こんにちは、おはよう　　n'importe qui 誰でも、取るに足らない人物

誰でもよかった　そしてそれがあなただった　　　　私はあなたに話した　何でも
ce それ　　　être ~です（fut 単純過去三単：単純過去は詩的表現で使用）
n'importe quoi 何でも、どんなこと（物）でも

あなたに話すだけで十分でした　　　　　　　　　あなたと親しくなるには
suffire 十分である　　parler 話す　apprivoiser（動物を）飼い慣らす、なれ親しませる

シャンゼリゼ通りには　　　　　　　　　　シャンゼリゼ通りには

晴れても　　　　雨でも　　　　　　　　真昼でも　　　　真夜中でも
soleil :m 太陽、日光　pluie :f 雨、雨降り　　sous の下に、の内部に、に覆われて
sous la pluie 雨の中を　midi :m 正午、真昼、南仏　minuit :m 午前零時、真夜中　ou 又は

すべてある　　あなたが欲しいものが　　　　　シャンゼリゼ通りには
il y a ~がある　　tout, e (pl. tous, toutes)のすべて、全体　ce ~であるもの、こと
vouloir 欲しい、望む（voulez 二複現）

2) あなたは私に言った「私、会う約束がある　　地下で(音楽に)夢中になってる人たちと
rendez-vous :m 会合、会う約束　　dans の中で　sous-sol :m 地下（室）、地階
avec と一緒に、と共に　fou, folle 陽気な人、ばか騒ぎする人、気違い、熱中した人、~狂

その人たちは過ごしている　ギター片手に　　　　夜から　　　　　朝まで」
vivre 暮らす、生きる（vivent 三複現）　guitare :f ギター　main :f 手　soir :m 晩、夜
matin :m 朝、午前
それで私はあなたに　　　　付き添った　　　　　私たちは歌った　私たちは踊った
alors それで、その時、さて　accompagner と一緒に行く、付き添う　on 私達、みな
chanter 歌う　danser 踊る
それでも　　二人は　考えてさえいなかった　　　抱き合うことになるなんて
ne ~pas ~しない　　même でさえ、までも　penser 考える、思う
s'mbrasser 抱き合う、口づけを交わす

67

Aux Champs-Elysées,
オー　　　シャンゼリゼー

Au soleil, sous la pluie,
オ　ソレイュ　スラプリュイ

Il y a tout ce que vous voulez
イリヤ　トゥスク　ヴヴレ

aux Champs-Elysées
オー　　　シャンゼリゼー

à midi ou à minuit
アミディ　ウ　アミニュイ

aux Champs-Elysées
オシャンゼリゼー

3)

Hier soir deux inconnus
イエーるソワーる　ドゥーザンコニュ

Deux amoureux tout étourdis
ドゥザムーるー　　　トゥテるディ

Et de l'Étoile à la Concorde,
エドゥレトワール　アラコンコーるドゥ

Tous les oiseaux du point du jour
トゥレゾワゾ　ディュポワン　ディュジューる

et ce matin sur l'avenue
エスマターン　スュる　ラヴニュ

par la longue nuit
パーるラ　ロングニュイ

un orchestre à mille cordes
アンノるケストゥる　アミルコるドゥ

chantent l'amour
シャントゥ　ラムーる

Aux Champs-Elysées,

Au soleil, sous la pluie,

Il y a tout ce que vous voulez

aux Champs-Elysées

à midi ou à minuit

aux Champs-Elysées

AUX CHAMPS-ELYSEES　(French version)

Words by Michael Wilshaw, Michael A. Deighan　French lyrics: Pierre Leroyer

Music by Michael Wilshaw, Michael A. Deighan

シャンゼリゼ通りには　　　　　　　シャンゼリゼ通りには
晴れても　　　雨でも　　　　　　　真昼でも　真夜中でも
すべてある　あなたが欲しいものが　シャンゼリゼ通りには

3) 昨夜は　　　お互い見知らぬ相手　　　　でも今朝は　　　この大通りで
hier :m きのう、昨日　　deux 二つ、二人

二人恋人同士　　まったくぼうっとしてる　　　長い夜を過ぎて
amoureux, se 恋人 tout まったく、すっかり étourdi, e ぼう然とした、軽率な、そそっかし
い（étourdir 酒,衝撃,騒音などが頭をぼうっとさせる、くらくら/うんざりさせる、酔う）
par による、の中を、の時に、を通って　　long, ue 長い　nuit :f 夜、夜間、闇、宿泊

そしてエトワール広場からコンコルド広場まで　　オーケストラがたくさん弦を奏でる (ように)
Étoile :f エトワール広場、星、スター　Concorde :f コンコルド広場、融和、和合
orchestre :m オーケストラ、管弦楽団　mille 千の、たくさんの corde :f 綱、ロープ、弦

みな鳥たちが　　　明け方から　　　　　愛を歌う
oiseau (pl. x) :m 鳥　point :m 点、段階　jour :m 日　point du jour 明け方、夜明け

参考
du ： 前置詞 de と定冠詞男性単数形 le との縮約形　de + le = du （de~の、~から、~で）
des ： 前置詞 de と定冠詞複数形 les との縮約形　　de+ les = des
au ： 前置詞 à と定冠詞男性単数形 le との縮約形　à + le = au （à~へ、~の、~に、~から）
aux ：（場所を示す）前置詞 à と定冠詞複数形 les との縮約形　à+les=aux

シャンゼリゼ大通り：Avenue des Champs-Elysées 又は Les Champs-Elysées
（à + Les Champs-Elysées ＝ Aux Champs-Elysées シャンゼリゼー大通りに/で）

champs :m 畑、場、広場、範囲、分野、領域、フィールド pl.野原、田園、田舎
Champs-Elysées エリゼの園
Élysées：ギリシャ神話において有徳の人（英雄）が死後に住む楽園を意味する
　　　　エリュシオンに由来（ラテン語：Elysium　英語：the Elysian Fields）

原曲は英国のバンド **Jason Crest** の **"Waterloo Road"**　（ユーチューブで視聴可能)

仏語作詞 Pierre Delanoë ピエール・ドゥラノエ（著作権者名 Pierre Leroyer は本名）

69

15. Irrésistiblement　あなたのとりこ　Sylvie VARTAN

1)

Tout m'entraîne irrésistiblement　　　　　　**à* toi, comme avant**
トゥーーマントゥれーヌー イーれーズィスティーブルマーン　アトワー コムアヴァーン

Tout m'enchaîne irrésistiblement　　　　　　**à toi, je le sens**
トゥーーマンシェーヌー イーれーズィスティーブルマーン　アトワー ジュルーサーン

    Comme le jour revient après la nuit
    コム ル ジュる るヴィアン アプれーラーニュイー

    Et le soleil toujours après la pluie
    エルソレィユ トゥジューる アプれーラープリュイー

    Comme un oiseau qui revient vers son nid
    コム アッノワゾー きるヴィアン ヴェる ソン ニー

    Vers mon amour je vais aussi
    ヴェる モナムーる ジュヴェオスィーー

    （*****各歌詞１行目の **à toi** は **vers toi** と表記されている場合がある。）

2)

Tout m'entraîne irrésistiblement　　　　　　**à toi, à chaque instant**
トゥーーマントゥれーヌー イーれーズィスティーブルマーン　アトワーアシャカンスターン

Tout m'enchaîne irrésistiblement　　　　　　**à toi, je le sens**
トゥーーマンシェーヌー イーれーズィスティーブルマーン　アトワー ジュルーサーン

    Comme la mer qui frappe le rocher
    コム ラメる キフらプ ルーろーシェー

    Obstinément, sans jamais désarmer
    オブスティネマン サンジャメ デーザーるメー

    Par le malheur on est souvent frappé
    パる ルマルーる オンネ スヴァン フらッ ペー

    Mais l'amour seul peut nous sauver
    メ ラムーる スールプヌ ソヴェーー

1）何もかも私は引き寄せられてしまう　どうしようもなく　あなたに　以前のように
tout :m すべて entraîner 連れていく、するようにしむける、訓練する
irrésistiblement どうしようもなく、たまらなく、抵抗できない、魅力的な
vers の方へ、に向かって、あたりに　comme のように　avant 前の、以前の

あらゆることで　私はつながっている　どうしようもなく　あなたに　私はそう感じる
enchaîner 鎖でつなぐ、連結させる　　sentir 感じる、感じ取る（sens 一単現）
le それを、そのことを、彼を
朝が夜の後にまたやって来るように
jour :m 昼、日中、夜明け　revenir 戻って来る、再び来る（revenir 三単現）
après の後に　nuit :f 夜
太陽がいつも雨のあとに（また来るように）(前の句で既出の revient が省略されている)
soleil :m 太陽、日光、日差し　toujours いつも、常に、あいかわらず　pluie :f 雨、雨降り

鳥がその巣にまた戻って来るように
oiseau (pl.x) :m 鳥　　nid :m 巣
私の愛する人に向かって　私も行く
amour :m 愛、恋、愛する人　aller 行く、向かう（vais 一単現）　aussi 同じく、もまた

2）何もかも私は引き寄せられてしまう　どうしようもなく　あなたに　どの瞬間も
chaque それぞれの、各、ごと　instant :m 瞬間、一瞬、今

あらゆることで　私はつながっている　どうしようもなく　あなたに　私はそう感じる

波は　岩を叩きつける
mer :f 海、波　frapper 打つ、たたく、殴る、ぶつかる、襲う（frappe 三単現　frappé 過去
分詞：受動態）　rocher :m 岩、岩壁、岩礁
執拗に　全く容赦無く　そんなふうに
obstinément [ɔpstinemɑ̃]（ b の発音は [p]プ) 頑固に、かたくなに、粘り強く　sans~なしに
jamais 決して　désarmer 武装解除する、和らげる

不幸に　人が　たびたび　襲われても
par によって　malheur :m 不幸、災難、逆境　on 人　souvent しばしば、よく、たびたび
ただ愛だけが私たちを救える
mais しかし、だが　seul, e だけ、ただ一つの　pouvoir できる（peut 三単現）
sauver 救う、助ける

71

3)　　　　　　　**(Instrument)**

Comme la joie revient après les pleurs
コムラジョワ　るヴィアン　アプれーレーブルーる

Après l'hiver revient le temps des fleurs
アプれ　リヴェる　るヴィアン　ルターン　デー　フルーる

Au moment où l'on croit que tout se meurt
オモマン　　　ウロックろワク　トゥースームーる

L'amour revient en grand vainqueur
ラムーる　るヴィアン　アングらンヴァンクーーーる

Tout m'entraîne irrésistiblement　　　**à toi, comme avant**
トゥーーマントゥれーヌー　イーれーズィスティーブルマーン　アトワー　コムアヴァーン

Tout m'enchaîne irrésistiblement　　　**à toi, je le sens**
トゥーーマンシェーヌー　イーれーズィスティーブルマーン　アトワー　ジュルーサーン

（最後の二行は数回繰り返されることがある）

3)　　　　　（楽器間奏）

喜びが涙の後に戻って来るように
joie :f 喜び、うれしさ、楽しみ　　　pleur :m 涙

冬の後に花の季節が戻って来る
hiver :m 冬　temps :m 時、時代、季節、天気　fleur :f 花

みな　何もかもダメになってゆくと思ったその時に
moment :m 一瞬、時期、機会　où の時に、の場所に　croire 信じる、思う（croit 三単現）
tout :m すべて　se mourir 死にかけている、消えかけている、死ぬほどである
(meurt 三単現)

愛は戻って来る　　　大いなる勝利者として
en として、の状態で　grand, e 大きい、偉大な、立派な　vainqueur :m 勝利、征服者

何もかも私は引き寄せられてしまう　どうしようもなく　　　あなたに　以前のように

あらゆることで　私はつながっている　どうしようもなく　　　あなたに　私はそう感じる

73

16. Je ne veux pas travailler / Sympatique 仕事はしたくない

ジュ ヌ ヴ パ トらヴァィエ ／ サンパティク

Ma chambre a la forme d'une cage
マ シャーンブる アラフォるム ディユヌ カージュ

Le soleil passe son bras par la fenêtre
ル ソレーィユ パース ソン ブら パるラ フネートゥる

Les chasseurs à ma porte
レ シャス―る ア マ ぽるトゥ

Comme les p'tits soldats
コム レ プティー ソールダー

Qui veulent me prendre
キ ヴール ムー プらーン ドゥる―

Je ne veux pas travailler
ジュ ヌ ヴ パ トらーヴァイェ―

Je ne veux pas déjeuner
ジュ ヌ ヴ パ デージュネ―

Je veux seulement l'oublier
ジュ ヴ スールマン ルーブリエ―

Et puis je fume
エ ピュイー ジュー フューム

Déjà j'ai connu le parfum de l'amour
デジャ ジェ コニュ ル パるファーンドゥラムー―る

Un million de roses n'embaumeraient pas autant
アン ミリオン ドゥ ろ―ズ ナンボムれ パ ゾターン

Maintenant une seule fleur dans mes entourages
マントゥナーン ユヌ スール フルーる ダン メザーントゥらージュ

Me rend malade
ム らーン マ―ラードゥ―

SYMPATHIQUE (JE NE VEUX PAS TRAVAILLER)

Words & Music by Thomas M. Lauderdale & China Forbes

© by THOMAS M. LAUDERDALE MUSIC / WOW & DAZZLE MUSIC   All rights reserved. Used by permission.

Rights for Japan administered by NICHION, INC.

私の寝室は檻の小部屋のよう　　　　　　　　日差しが腕を伸ばして窓から差し込む

chambre :f 寝室、部屋、室、組合、議会、法廷　forme :f 形、形状、詩型　avoir la forme de~
の形をしている　cage :f 檻、鳥かご、牢屋　soleil :m 太陽、日光、日差し
bras :m 腕、人手/働き手、アーム　par を通って、によって　fenêtre :f 窓、開口部、期間

狩り立てる人達が　　　ドアに　　　　　　　　おもちゃの兵隊さんのように来て

chasseur, se 猟師、ハンター、狩人、追い求める人、収集家 :m 戦闘機、(ホテル・レストラ
ンの) 制服の従業員　porte :f ドア、扉、出入り口、門、ゲート　petit, e 小さい、少ない、
弱い、地位/身分の低い　soldat :m 兵隊、兵士、戦士

私を連れ出そうとしてる

vouloir 欲しい、望む、したい (veulent 三複現)　(veux 一単現)（veut 三単現）
prendre つかむ、取る、連れて行く、着る、買う

私は　仕事はしたくない　　　　　　　　食事も欲しくない

ne~pas ~ない　travailler 働く、仕事をする、勉強する、作動する
déjeuner 昼食を取る　petit-déjeuner 朝食を取る

私は　ただ　あの人を　忘れてしまいたい　　　そして　一服したい

seulement 単に、ただ、だけ　oublier 忘れる、思い出せない、怠る、ほったらかしにする
l'oublier=le 又は la+oublier : le 彼を、それを、そのことを　la 彼女を、それを
et そして、～と　puis 次に、それから　fumer 煙を出す、くすぶる、たばこを吸う、喫煙
する、湯気を立てる、怒る

もう　私は知ってしまった　　恋の香りを

déjà もう、既に connaître 知っている、経験する（connu 過去分詞）parfum :m 香り、香水

百万本のバラでさえ　かぐわしくはないでしょう　　こんなには

million :m 百万、多数、無数 rose :f バラ:m ばら色 embaumer よい香りで満たす、かぐわし
くする（語尾-raient 条件法三人称複数；推測表現）autant 同じくらい、同じく、それほど

今　たった一輪の花が　私の取り巻きの中で　　　私をさいなませている

maintenant 今、今では seul, e ただ一つの、唯一の、ひとりきりの、～だけ
fleur :f 花、花飾り、盛り、えり抜き　　　　　entourage :m 周囲の人々、取り巻き、囲い
rendre 返す、戻す、～にする、表す、もたらす（rend 三単現）malade 病気の、病んだ、
具合が悪い、傷つく、さいなむ

Je ne veux pas travailler

Je veux seulement l'oublier

Je ne veux pas déjeuner

Et puis je fume

Je n'suis pas fière de ça
ジュ ヌ スュイ パー フィ エーゟ ドゥ サー

Vie qui veut me tuer
ヴィ キー ヴー ム ティュエー

C'est magnifique d'être sympathique
セ　マニフィーク　デートゥゟ サンパティーク

Mais je ne le connais jamais
メ　ジュ ヌ　ル コネー ジャメー

Je ne veux pas travailler　Non

Je veux seulement l'oublier

Je ne veux pas déjeuner

Et puis je fume

(Instru：楽器演奏)

Je n'suis pas fière de ça

Vie qui veut me tuer

C'est magnifique d'être sympathique

Mais je ne le connais jamais

Je ne veux pas travailler　Non

Je veux seulement l'oublier

Je ne veux pas déjeuner

Et puis je fume

私は　仕事はしたくない　　　　　　　　食事も欲しくない

もう　ただ　あの人を　忘れてしまいたい　　そして　　一服したい

私は自慢にしてない　こんなこと
fier, ère 誇りにする、自慢に思う、すごい　ça それ、あれ

私をだめにしようとする暮らしなんて
vie :f 命、生命、活気、人生、生活　tuer 殺す、死なせる、まいらせる、滅ぼす、
打ちのめす、損なう

素晴らしいのは　いい感じっていうこと
magnifique すばらしい、見事な、壮麗な　être である、になる、にいる、にある
sympathique 感じのいい、好感のもてる、雰囲気のいい、楽しい、共感した

でも私はそうなっていない　全く
ne~jamais 決して~ない、一度も~ない　connaître 知る、経験する、持つ、有する
(connais 一単現)

参考：　Pink Martini　米国ジャズアンサンブルのグループ名
　　　　作詞 China Forbes（米国）、作曲 Thomas M. Lauderdale（米国）

ギョーム アポリネールの短編詩«Hôtel »（オテル）（下記)から着想を得て作詞された：

　　　Ma chambre a la forme d'une cage
　　　Le soleil passe son bras par la fenêtre
　　　Mais moi qui veux fumer pour faire des mirages
　　　J'allume au feu du jour ma cigarette
　　　Je ne veux pas travailler je veux fumer

Guillaume Apollinaire：1880-1918 ローマ生まれのフランス人詩人、作家、評論家

Francis Poulenc フランシス プランク(1899-1963)は曲集 Banalités でこの詩に作曲
（ユーチューブ検索 Hôtel, Poulenc にて視聴可能）

17. Mademoiselle de Paris パリのお嬢さん Jacqueline François

1) Les Djinns, Daniele Vidal, André Claveau 他

On l'appelle Mademoiselle de Paris Et sa vie c'est un petit peu la nôtre
オン ラペールマドゥ・モァ・ゼール ドゥパリー エ サヴィーセタップティブ ラノートゥる

Son royaume c'est la rue de Rivoli Son destin, c'est d'habiller les autres
ソンろワヨーム セラリュ ドゥりヴォリー ソンデスタン セ ダビイェ レ ゾートゥる

On dit qu'elle est petite main   Et s'il est vrai qu'elle n'est pas grande
オン ディケレー プティトゥ マーン   エ スィレ ヴれー ケルネバ グらーンドゥ

Que de bouquets et de guirlandes   A-t-elle semés sur nos chemins.
クドゥ ブケー エドゥギるラーンドゥ   アテール スメー スュる ノー シュマーーン

Elle chante un air de son faubourg Elle rêve à des serments d'amour
エールシャーントゥ アンネーるドゥソンフォブる エールれーヴ アデ せるマン ダームる

Elle pleure et plus souvent qu'à son tour   Mademoiselle de Paris
エール ブルーる エプリュ スヴァン カソントゥーる   マドゥモァゼル ドゥパリー

Elle donne tout le talent qu'elle a   Pour faire un bal à l'Opéra
エールドーヌ トゥル タラーン ケラ   プーるフェーる アンバールアロペら

Et file, à la porte des Lilas   Mademoiselle de Paris
エーフィール アーラポるトゥ デ リラー   マドゥモァゼル ドゥ パリー

Il fait beau   Et là-haut
イールフェボー   エラ オー

Elle va coudre un cœur à son manteau
エル ヴァ クードゥる アンクーる アソン マントー

78

1)

人は彼女をこう呼ぶ「パリのお嬢さん」と　　で、その暮らしぶりはちょっとした私達の一部

on 人々、みな　l'=la それを、彼女を　appeler 呼ぶ、電話をかける、求める

mademoiselle :f お嬢様、さん、様　　son,sa, ses 彼の、彼女の、それの　vie :f 生活

un petit peu ほんの少し

nôtre (先行する名詞、ここでは sa vie、を受けて)私たちのそれ、もの　(定冠詞 le,la,les を伴う)

その王国（住む世界）それはリヴォリ通り　　その天職　それは人々に服を仕立てること

royaume :m 王国　rue :f 通り、街　　destin :m 運命、将来、生涯

habiller 服を着せる、服を仕立てる、服を与える　　autre ほかの、ほかの人・物

彼女は見習いのお針子(petite main)と言われてる　確かに大きく(grande)はないにしても

Dire 言う on dit que~という話だ、だそうだ petite main 見習いのお針子 si ではあるが、にしても

petit, e 小さい、低い、弱い、かわいい　main :f 手　grand,e 大きい、年上の、重要な、立派な

どれほど多くの花束や花飾り（のような華やかさ）を

que de 何と多くの　　bouquet :m 花束、束、房　　guirlande :f 花飾り、花輪

彼女は振り撒いてくれたのだろうか私達の行き交う道に

semer まく、まき散らす（semé 過去分詞）　　chemin :m 道

彼女は歌う　住んでる街の歌を　　　　　　　　彼女は夢見る　愛の誓いを

chanter 歌う　air :m 曲、メロディー、歌、空気、様子　faubourg :m 街、通り、近郊、下町

rêver 夢見る、夢想する　serment :m 誓い、誓い合い　　amour :m 愛、恋

彼女は泣く　それも　とてもよく（泣く）　　　　パリのお嬢さん

pleurer 泣く、嘆く、懇願する　　plus~que より多く　souvent しばしば　tour :m 順番、回

plus souvent qu'à son tour 度を超えて、頻繁に、しょっちゅう

彼女は捧げる　ありったけの才能のすべてを　　　　　ダンスを踊るため　オペラ座で

donner 与える、捧げる　tout すべての　talent :m 才能、人材

faire 行う　bal :m 舞踏会、ダンスパーティー

そして急ぐ　ポルトデリラ（リラ門）へと　　　　　　パリのお嬢さん

filer 急いで行く、突っ走る、高速で走る、紡ぐ

いい天気　そこは小高いところ

beau, belle 美しい、すばらしい、晴れた　là-haut あの上に、あそこに、あの世に

彼女は心を込めて縫いこもうとする　そのコートを

aller~しようとする（va 三単現）coudre 縫う、縫い付ける cœur :m 心

manteau (pl. x) :m コート、オーバー

79

2)

Mais le cœur d'une enfant de Paris C'est pareil aux bouquets de violettes
メルクーる　ディュナンファーン　ドゥパりー　セパれーィユ　オブケー　ドゥヴィォレートゥ

On l'attache au corsage un samedi Le dimanche on le perd* à la fête
オンラターシュオコるサージュアンサムディールディマーンシュオンルペーるアラフェートゥ

(*On le perd le dimanche の歌唱例あり)

Adieu guinguette, adieu garçon　La voilà seule avec sa peine
アディユガーンゲートゥ　アディュガるソーン　ラヴォァラスールアヴェク　サペーヌ

Et recommence la semaine,　　　　**Et recommence la chanson**
エ　るコマーンス ラ　スメーヌ　　　　エ るコマーンス　　ラー シャンソーン

(下記を飛ばし3番**に移行することがある)
(下記2行は割愛されることがある)

Elle chante un air de son faubourg Elle rêve à des serments d'amour
エールシャーントゥ　アンネーるドゥソンフォブーる　エールれーヴ アデせるマン ダムーるー

(*　下記3行の歌詞は別の内容で歌唱されることがある。次頁参照)

*Elle pleure et plus souvent qu'à son tour　Mademoiselle de Paris
エールプルーる エプリュスヴァン カソントゥーる　　マドゥモアゼル　ドゥパりー

Elle donne un peu de ses vingt ans　Pour faire une collection d'printemps
エールドーヌ　アンプドゥ セヴァーンタン　プーるフェーるユヌコレクスィヨン プらーンタン

Et seule s'en va rêver sur un banc　Mademoiselle de Paris　*
エースール サンヴァ れヴェ スュるアンバーン マドゥモアゼル　ドゥパりー

Trois petits tours　　　　　　　**Un bonjour**
トゥロワ プティ トゥーる　　　　　　アンボンジューる

Elle oublie qu'elle a pleuré d'amour
エ ルブリ　ケラ　プルーれ ダムーる

80

2)

でもパリの少女の思い　　　　　　　それはスミレの花束にも似て

enfant　(男女同形) 子供、娘　　　　pareil, le 似た、同じような、このような
bouquet :m 花束、束、房、木立、茂み　　violette :f スミレ

人はその気持ちをある土曜の日に身に纏っても　(翌)日曜日には失くしてしまうお祭りで

attacher つなぐ、結ぶ、束ねる　　corsage :m ブラウス、（ドレスの）胴部
samedi :m 土曜日　dimanche :m 日曜日　perdre なくす、失う（perd 三単現）
fête :f 祭り、祝祭日

レストラン（のダンス広場）はおしまい男の子もさよなら少女はそこで一人悲しみとともに

adieu さらば、お別れ　guinguette :f 郊外のレストラン、酒場（野外ダンスができる遊び場）
garçon :m 男の子、青年、男（ガルソン、又は、ギャルソンと発音）
la 彼女、それ(ここでは Mademoiselle de Paris を指す) voilà そこに~がある、それが~である、
ほら~です　seul, e ただ一つ、単独の、ひとりきりの、だけ
peine :f 苦労、努力、苦痛、悲しみ、苦しみ、刑罰

そしてまた始まる一週間が　　　　　そしてまた始まる　歌が

recommencer 再び始まる、再開する、やり直す　semaine :f 週、一週間

彼女は歌う　住んでる街の歌を　　　　彼女は夢見る　愛の誓いを

彼女は泣く　それも　とてもよく　　　パリのお嬢さん

彼女は捧げる　青春のひと時を　　　　春の服飾コレクションを作るのに

donner 与える、渡す peu 少し、ちょっと　vingt 二十の　an :m 年、歳
faire する、作る　collection :f 収集、（服飾）コレクション　printemps :m 春、青春

そして一人出かけていく　ベンチで夢を見に　パリのお嬢さん

seul, e ただ一つの、一人きりの　s'en aller 出かける、消え去る　banc :m ベンチ、長椅子、台

三回ほど小回りすると　　　　　　　ボンジュールの一言で

trois 三つの　petit, e 小さな　tour :m 回り、回転、外出、散歩、順番、芸当、推移

もう忘れてしまう　恋に泣いたことなど

oublier 忘れる　pleurer 泣く、嘆く（pleuré 過去分詞）

3) （下記歌詞 1 ,2 行、又は、3,4 行は歌唱されないことがある）

** Elle chante et son cœur est heureux Elle rêve et son rêve est tout bleu
エールシャントゥ エソンクーるエ トゥるー　エールれーヴ エソン れーヴエトゥブルー

Elle pleure mais ça n'est pas bien sérieux Mademoiselle de Paris
エールプルーる　メサネパ　　ビャンセリュー　　　マドゥモアゼル　　ドゥパリー

Elle vole à petits pas pressés
エールヴォール アプティパ プれセ

Elle court vers les Champs Elysées
エールクーる　ヴェるレシャンゼリゼ

Et donne un peu de son déjeuner
エールドーヌ　アンプドゥソンデジュネー

Aux moineaux des Tuileries **
オモワノー　デ ティュイルりー

Elle fredonne
エルフるドーヌ

Elle sourit...
エルスりー

Et voilà
エ ヴォワラー

Mademoiselle de Paris.
マドゥ モアゼル　ドゥ パりーーー

****

*　前頁 2 番歌詞 6 , 7 , 8 行目は下記で歌唱されるものもある。

Elle pleure mais ça n'est pas bien sérieux Mademoiselle de Paris
エールプルーる メサネパ　　ビャンセリュー　　　マドゥモアゼル　ドゥパリ

Elle donne les larmes de sa peine Pour faire les robes de chez Calveine
エールドーヌ　レラるム　ドゥサペーヌ　　プーるフェーるレローブドゥシェカルヴェーヌ

Et flâne du côté de la Madeleine Mademoiselle de Paris
エフラヌ ディュ コテ ドゥラマドゥレーヌ　マドゥモアゼル　ドゥパリ

MADEMOISELLE DE PARIS

Words by Henri Alexandre Contet　Music by Paul Jules Durand

3)

彼女は歌うと幸せな気持ちになる　　　　　　　彼女は夢見る　その夢は澄みきった青
cœur :m 心、気持ち、胸、心臓　rêver 夢見る、夢想する　rêve :m 夢、憧れ、幻想
tout まったく、すべて　bleu, e 青い :m 青色

彼女は泣く　でもそれはそんなに深刻じゃない　　パリのお嬢さん
mais しかし、いったい　ça それ、あれ　bien まさに、よく
sérieux, se まじめな、真剣な、重大な、深刻な、確かな

彼女は飛んで行く　小走りに　　　　　　　　彼女は走る　シャンゼリゼ（大通り）に向かって
voler 飛ぶ、舞い上がる、飛ぶように進む　petit, e 小さい、かわいい
pas :m 歩み、足音、歩きぶり　pressé 急ぎの、搾った　courir 走る、駆ける　vers に向かって

彼女は分けてあげる　ちょっとそのお昼の食事を　　チュイルリー公園のスズメ達に
déjeuner :m 昼食、ランチ　　　　　　　　moineau (pl. x) :m スズメ、やつ
Tuileries チュイルリー公園 (jardin des Tuileries)（かつて瓦工場があったところ作られた公園）
tuilerie [tɥilri] m : 瓦(かわら)工場
彼女は鼻歌を歌う　　　　　　　　　彼女はほほ笑む
fredonner 口ずさむ、ハミングする、鼻歌を歌う sourire ほほ笑む、にっこり笑う、面白がる

そう　それが　　　　　　　　　　　　　　パリのお嬢さん

****

彼女は泣く　でもそれはそんなに深刻じゃない　　　パリのお嬢さん
彼女は涙ぐましく努める　　　　　　　　　　カルヴェーヌ社のドレスを作るため
donner 与える、生み出す　larme :f 涙　peine :f 苦労、罰、努力、苦悩
robe :f ドレス、ワンピース、ガウン　　　　chez の家で、の店で、社で
そして散歩する　マドレーヌ寺院の近くを　　　　パリのお嬢さん
flâner ぶらぶら歩く、気ままに散歩する　côté :m わき、側、方面

発音の注意：　Mademoiselle [mad-mwa-zɛl]は（マドゥ）（モァ）（ゼル）の 3 音節、
　　　　　　　（マ・ド・モ・ワ・ゼ・ル）の 6 音節ではない。

Les Djinns (レ・ジン) はフランスの女性コーラスグループ（活動期間 1959-1966)

18. L'amour, c'est pour rien 恋心 Enrico Macias

1)

Comme une salamandre,
コム　ユヌ　サラマーンドゥる

L'amour est merveilleux
ラムーる　エ　メるヴェイユー

Et renaît de ses cendres
エ　るネー　ドゥ　セサーンドゥる

Comme l'oiseau de feu
コーム　ロワゾー　ドゥ　フー

Nul ne peut le contraindre
ニール　ヌ　プー　ルコントゥらンドゥる

Pour lui donner la vie
プーるリュイドネー　ラヴィーゥ

Et rien ne peut l'éteindre
エ　りアン　ヌ　プレタンドゥるー

Sinon l'eau de l'oubli
シノン　ロー　ドゥ　ルブリーゥ

L'amour, c'est pour rien
ラームーる　セー　プーるりアン

Tu ne peux pas le vendre
ティュヌプパー　ルヴァーンドゥる

L'amour, c'est pour rien
ラムーる　セー　プーるりアーン

Tu ne peux l'acheter
ティュ　ヌプ　ラーシュテー

2)

Quand ton corps se réveille,
カン　トンコーる　すれヴェーイユ

Tu te mets à trembler
ティュ　トゥメー　ザトゥらンブレー

Mais si ton coeur s'éveille,
メー　スィ　トーン　クーる　セヴェーイユ

Tu te mets à rêver
ティュ　トゥ　メーザれヴェー

Tu rêves d'un échange
ティューれヴー　ダンネシャンジュー

Avec un autre aveu
アヴェカン　ノートゥるアヴー

Car ces frissons étranges
カーる　セ　フリーソン　ゼトらーンジュー

Ne vivent que par deux
ヌヴィーヴ　ク　パる　ドゥー

1) 火とかげのように　　　　　　　　　　　恋は不思議

comme のように　salamandre :f サラマンダー、火とかげ（伝説上の怪物）、山椒魚
amour :m 恋、愛　merveilleux, se すばらしい、見事な、不思議な、魔法の

（恋は）よみがえる　灰から　　　　　　　火の鳥のように

renaître 生き返る、よみがえる、再び生まれる（renaît 三単現）cendre :f 灰、遺灰、悔悟
oiseau (pl. x) :m 鳥　feu (pl. x) :m 火、火事、明かり

誰も止めることはできない　　　　　　　　それ(恋)が息づくのを

nul ne いかなる人も~ない pouvoir できる（peut 三単現　peux 一単現・二単現）
contraindre 束縛する、拘束する、強制する donner 与える　vie :f 命、人生、暮らし
donner la vie à に生を授ける、生む

そして何もそれ(恋)を消すことはできない　　忘却の水のほかに

rien ne 何も~ない　éteindre 消す、止める、切る　sinon を除いては、そうでなければ
eau (pl. x) :f 水　oubli :m 忘却、失念

恋、それはわけ（理由）のないもの　　　　あなたはそれを売ることもできない

pour rien 無駄、無意味、無料、わけ（理由）もなく、理由なしに
vendre 売る　acheter 買う
恋、それはわけのないもの　　　　　　　　あなたはそれを買うこともできない

2) あなたの体は起きると　　　　　　　　あなたは震え始める

quand の時　corp :m 体、身体、死体、胴体　se réveiller 目を覚ます、起きる、よみがえる
se mettre à に取りかかる、し始める、不意にし出す（mets 二単現）
trembler 震える、揺らめく、恐れる
でもあなたの心は目覚めると　　　　　　　あなたは夢を見始める
si ~したら、もし~なら　cœur :m 心、気持ち、胸　s'éveiller 目覚める　rêver 夢を見る

あなたは思いを交わす夢を見る　　　　もう一方の告白とともに

échange :m 交換、やり取り、交流　autre ほかの、もう一方の
aveu (pl. x) :m 告白、自供、同意

なぜならこの不思議な揺らめきは　　　　ふたりによってしか生まれないから

car なぜなら　frisson :m 震え、身震い、揺らめき étrange 奇妙な、変な、不思議な
ne~que しか~ない　par によって、で、を通って　deux 二つ、二人、両方

85

L'amour, c'est pour rien
ラームーる セー　プーるりアーン

Tu ne peux pas le vendre
ティュヌプパー　ルヴァーンドゥる

L'amour, c'est pour rien
ラムーる　セー　プーるりアーン

Tu ne peux l'acheter.
ティュ ヌプ ラーシュテー

3)
L'amour, c'est l'espérance,
ラムーる　セ　レスペらーンス

Sans raison et sans loi
サン　れゾーン エ サン　ロワー

L'amour comme la chance
ラムーる　コムラ　シャーンス

Ne se mérite pas
ヌース メーりトゥ パ

Il y a sur terre un être
イーリヤ スュるテーるアンネートゥる

Qui t'aime à la folie
キ テーム　アーラ フォリーゥ

Sans même te connaître
サーン メムー トゥ コネートゥるー

Prêt à donner sa vie
プれータ ドネー　サヴィーゥ

L'amour, c'est pour rien

Tu ne peux pas le prendre
ティュ ヌプパー　ルプらーンドゥる

L'amour, c'est pour rien

Mais tu peux le donner
メ ティュプルー ドネー

L'amour, c'est pour rien

L'amour, c'est pour rien

L'AMOUR C'EST POUR RIEN

Words by Rene Pascal Blanc Music by Enrico Macias

© 1964 WARNER CHAPPELL MUSIC FRANCE S.A.   All rights reserved. Used by permission.

Print rights for Japan administered by Yamaha Music Entertainment Holdings, Inc.

恋、それはわけのないもの　　　　　あなたはそれを売ることもできない

恋、それはわけのないもの　　　　　あなたはそれを買うこともできない

3)　恋　それは望み　　　　　　　理由もなく　決まりもない
espérance :f 希望、望み、期待　　sans　～無しに　raison :f 理由、訳、理性、根拠
loi :f 法律、法則、規則、掟

恋は　幸運のように　　　　　　努めて得る（生まれる）ものでもない
chance :f 運、幸運、機会、可能性、チャンス　se mériter　（努力して）得るに値する、
貴重である(:se justifier 根拠がある、正当化される、証明される)　ne～pas しない

この世に　あるものがいる　　　　あなたを深く愛しているものが
il y a がある　terre :f 地上、現世、地球　être :m 存在物、生物、人間
aimer 愛する、恋する　folie :f 狂気、気違い、錯乱、ばかげた、熱愛、さかり

あなたを知ってさえもいないのに　　　　その命を捧げるつもりでいる
même 同じ、でさえ、であっても　connaître 知る、知り合う、経験した
prêt, e à ～する準備のできた、用意した、するつもり

恋　わけのないもの　　　　　　　あなたは得ることはできない
　　　　　　　　　　　　　　　　prendre 得る、取る、つかむ、買う

恋　わけのないもの　　　　　　　でもあなたは与えることができる

恋　わけのないもの　　　　　　　恋　わけのないもの

19.　Non, je ne regrette rien　　水に流して　　**Edith Piaf**

Non !　Rien de rien
ノーン　りャンドゥりヤーン

Non !　Je ne regrette rien
ノーン　ジュヌ　るグれトゥ りヤーン

Ni le bien qu'on m'a fait
ニ ル ビヤーン コン マフェー

Ni le mal tout ça m'est bien égal !
ニ ル マール トゥサメ ビエネガール

Non !　Rien de rien

Non !　Je ne regrette rien

C'est payé, balayé, oublié
セ ペイェー バレイェー ウブリエー

Je me fous du passé !
ジュ ム フー ディュ パセー

Avec mes souvenirs
アーヴェク メ スヴニーる

J'ai allumé le feu
ジェ アリュメ ル フー

Mes chagrins, mes plaisirs
メ シャグらン　メ プレズィーる

Je n'ai plus besoin d'eux !
ジュネ プリュ ブゾワン ドゥー

Balayés les amours
バレィエ レ ザムーる

Avec leurs trémolos
アーヴェク ルーる トゥれモロー

Balayés pour toujours
バレィエ プーる トゥジューる

Je repars à zéro
ジュ るパーる ア ゼろー

Non !　Rien de rien
Ni le bien, qu'on m'a fait
Non !　Rien de rien

Non !　Je ne regrette rien
Ni le mal, tout ça m'est bien égal !
Non !　Je ne regrette rien

Car ma vie,　car mes joies
カーる マヴィー カーる メジョワー

Aujourd'hui, ça commence avec toi !
オジュるドゥイー サ コマーンス アヴェクトワー

NON, JE NE REGRETTE RIEN

Musique de Charles DUMONT　　Paroles de Michel VAUCAIRE

いいえ　何もかも　　　　　　　　　　　　いいえ　私は後悔しない　何も

non いいえ、いや、まさか、そうではない　rien (ne を伴い) 何も~ない、無、ゼロ

regretter 後悔する、悔やむ、残念に思う、申し訳なく思う、惜しむ

人が私にしてくれたいい事も　いやな事も　どれも　それは私には全くどうでもいいこと

ni~も~ない　bien :m 善、良いこと、財産　on 人々、みな、私達、あなた達 faire する,行う

(fait 過去分詞)　mal :m 悪、悪事、災い、不幸、苦労、困難、不都合、痛み　tout すべて

bien まさによく、とても、ずっと：通常[bjɛ̃] ビヤンだがリエゾンにて bien égal [bjɛnegal]

(ビエネガル) と非鼻母音化 égal, e (pl. égaux) 等しい、平等の、平らな、どうでもいい

いいえ　何もかも　　　　　　　　　　　　いいえ　私は後悔しない　何も

かたを付け　掃いて捨て　忘れてしまおう　私は問題にしない　過去なんか

payer 払う、報いる、償う、手に入れる　balayer 掃く、掃除する、取り除く、追い払う、

一掃する、巡る、こする　oublier 忘れる、顧みない、疎かにする、許す　se foutre (俗語)

ばかにする、無視する、問題にしない、身を置く（fous 一単現）passé :m 過去、過去形

私の想い出に　　　　　　　　　　　　　私は火をつけた

avec とともに、を使って、~と、~に対して　souvenir :m 思い出、みやげ、記憶

allumer 火をつける、明かりをつける、刺激する　feu :m 火、発砲、照明、情熱

私のいくつもの悲しみも　喜びも　　　　　私はもう要らない

chagrin :m 悲しみ、悩み、心配　plaisir :m 喜び、楽しむ、快楽、娯楽　ne~plus もう~ない

besoin :m 欲求、必要、需要　avoir besoin de を必要とする（ai 一単現）eux 彼ら、それら

一掃した　いくつも愛　　　　　　　　　そのトレモロとともに

amour :m 愛、恋、愛する人　tous すべての、全くの　trémolo :m トレモロ、震音、震え声

(Les amours sont balayés の倒置形のため balayé の末尾に s が付いている)

掃いて捨てた　永遠に　　　　　　　　　私は　新たに始める　最初から

toujours いつも、常に、相変わらず、とにかく　pour toujours いつまでも、永久に

repartir 再び出発する、帰って行く、戻る、再び始める（repars 一単現）

zéro :m ゼロ、零度、0点、無、起点　à ~に、~で、~へ、~の、~から

いいえ　何もかも　　　　　　　　　　　いいえ　私は後悔しない　何も

人が私にしてくれたいい事も　いやな事も　どれも　私には全くどうでもいいこと

いいえ　何もかも　　　　　　　　　　　いいえ　私は後悔しない　何も

なぜなら　私の人生　私の喜びは　　　　今　始まるから　あなたとともに

car というのは、だから vie :f 命、生命、人生、暮らし、生活、活気　joie :f 喜び、楽しみ

aujourd'hui 今日、本日、現代　commencer 始まる、~の最初にある

20. Un homme et une femme　　男と女

アンノム エ ユヌファム　　Nicole Croisille et Pierre Barouh

1)

Comme nos　　**voix ba**　　**da ba da**　　**da ba**　　**da ba da**
コームーノー　　ヴォアバ　　ダバダ　　ダバ　　ダバダ

Chantent tout　　**bas ba**　　**da ba da**　　**da ba**　　**da ba da**
シャントゥ トゥー　　ババ　　ダバダ　　ダバ　　ダバダ

Nos cœurs y　　**voient ba**　　**da ba da**　　**da ba**　　**da ba da**
ノ クーる イ　　ヴォアバ　　ダバダ　　ダバ　　ダバダ

Comme une chance comme un espoir
コム ユーヌ シャーンスー コムアーンネスポワーる

Comme nos　　**voix ba**　　**da ba da**　　**da ba**　　**da ba da**
コー ムー ノー　　ヴォアバ　　ダバダ　　ダバ　　ダバダ

Nos cœurs y　　**croient ba**　　**da ba da**　　**da ba**　　**da ba da**
ノ クーる イ　　クろワバ　　ダバダ　　ダバ　　ダバダ

Encore une　　**fois ba**　　**da ba da**　　**da ba**　　**da ba da**
アン コーる ユヌ　　フォアバ　　ダバダ　　ダバ　　ダバダ

Tout recommence,　　**la vie repart**
トゥ る コマーンスー　　ラヴィー るパーる

Combien de joies　　**Bien des drames**
コンビャンドゥ ジョワー ビャーン デドゥらームー

Et voilà !　　**C'est une longue histoire**
エー ヴォアラー　　セ ティューヌ ローングィストワーる

Un homme　　**Une femme**
アーンノーーム　　ユーヌ ファームー

Ont forgé la trame du hasard
オンフォるジェラ トゥらームー ディュー アザーーる

UN HOMME ET UNE FEMME (PIERRE BAROUH / FRANCIS LAI)

1) 私達の声が　　　　　　　　　　　　　ヴォァバ　ダバダ　　ダバ　ダバダ

comme のように、の時に、につれて　nos 私達の、二人の　voix :f 声、意見、票

そっと歌うように　　　　　　　　　　　ババ　ダバダ　　ダバ　ダバダ

chanter 歌う（chantent 三複現）　tout まったく、あらゆる　bas 低く、小声で、小さい

二人の気持ちは　そこに　見出す　　　ヴォァバ　ダバダ　　ダバ　ダバダ

cœur :m 心、気持ち、胸、心臓　y そこに、それに　voir 見る、見える、見出す
(voient 三複現）

チャンスのようなもの　　　　　　　　希望のようなもの

chance :f チャンス、機会、可能性、幸運　espoir :m 希望、望み、期待

私達の声のように　　　　　　　　　　ヴォァバ　ダバダ　　ダバ　ダバダ

二人の心は　そこに　信じる　　　　　クロワバ　ダバダ　　ダバ　ダバダ

croire 信じる、だと思う（croient 三複現）
もう一度　　　　　　　　　　　　　　フォアバ　ダバダ　　ダバ　ダバダ

encore また、再び、まだ　fois :f 回、度

すべてがまた始まり　　　　　　人生が再出発すると

tout すべて、皆　　recommencer 再び始める、再開する、やり直す、繰り返す
vie :f 人生、暮らし、生活　repartir 再び出発する、戻る、再び始める（repart 三単現）

いくつもの喜び　　　　　　　　たくさんのドラマ

combien どれだけの、いくつの　joie :f 喜び、うれしさ、陽気さ、楽しみ
bien まさしく、本当に、多くの、たくさんの drame :m ドラマ、劇、惨事、悲劇的な出来事

そう　ほら　　　　　　　　　　それは長い話

voilà そこに~がある、それが~だ、そのとおり　long, ue 長い　histoire :f 歴史、物語、話

ひとりの男と　　　　　　　　　ひとりの女が

homme :m 人間、人、人類、男、男性　femme :f 女、女性、妻

作り上げてきた筋書き　　　　　巡り合わせの

forger 鍛（きた）える、作り出す（forgé 過去分詞）　trame :f 横糸、（物事の）骨組み、大筋、
脈絡　hazard :m 偶然、運、障害

Comme nos   **voix ba**   **da ba da**   **da ba**   **da ba da**
コー ムー ノー　　ヴォァバ　　　ダバダ　　　　ダバ　　　ダバダ

Nos cœurs y   **voient ba**   **da ba da**   **da ba**   **da ba da**
ノ クーる イ　　ヴォァバ　　　ダバダ　　　　ダバ　　　ダバダ

Encore une   **fois ba**   **da ba da**   **da ba**   **da ba da**
アン コール ユヌ　　フォァバ　　　ダバダ　　　　ダバ　　　ダバダ

Comme une chance **comme un espoir**
コム ユーヌシャーンスー　　コム アーンネスポワーーる

Comme nos   **voix ba**   **da ba da**   **da ba**   **da ba da**
コー ムー ノー　　ヴォァバ　　　ダバダ　　　　ダバ　　　ダバダ

Nos cœurs en joie ba   **da ba da**   **da ba**   **da ba da**
ノ クーる アン ジョワバ　　　ダバダ　　　　ダバ　　　ダバダ

On fait   **le choix ba**   **da ba da**   **da ba**   **da ba da**
オン フェール ショワバ　　　ダバダ　　　　ダバ　　　ダバダ

D'une romance   **qui passait là**
ディユーヌ ろマーンスー　　キ パーセラーー

Chance qui passait là
シャーンスー キ パーセラーー

Chance pour toi et moi ba **da ba da**   **da ba**   **da ba da**
シャーンスーブーるトワーエ モワバ ダバダ　　　ダバ　　　ダバダ

Toi **et** **moi ba**   **da ba da**   **da ba**   **da ba da**
トワーエー モワバ　　　ダバダ　　　　ダバ　　　ダバダ

Toi **et** **moi ba**   **da ba da**   **da ba**   **da ba da**
トワーエー モワバ　　　ダバダ　　　　ダバ　　　ダバダ

Toi **et** **moi ba**   **da ba da**   **da ba**   **da ba da**
トワーエー モワバ　　　ダバダ　　　　ダバ　　　ダバダ

Toi **et** **moi**
トワーエー モワ

2)

二人の声ように　　　　　　　　　　　　ヴォァバ　ダバダ　　ダバ　ダバダ

私達の心はそこに見出す　　　　　　　　ヴォァバ　ダバダ　　ダバ　ダバダ

再び　　　　　　　　　　　　　　　　　フォァバ　ダバダ　　ダバ　ダバダ

チャンスのようなもの　　希望のようなもの

私達の声ように　　　　　　　　　　　　ヴォァバ　ダバダ　　ダバ　ダバダ

二人の心は喜びの中　　　　　　　　　　ジョワバ　ダバダ　　ダバ　ダバダ

私達は選ぶ　　　　　　　　　　　　　　ショワバ　ダバダ　　ダバ　ダバダ
on 人は、人々は、誰かが、私たちは、あなた（方）は
faire する、行う、作る（fait 三単現）　choix :m 選択、品ぞろえ

そこに通りかかった　　　　ロマンスを
romance :f 恋の歌、ロマンス（曲）passer 通る、過ぎる、上演される (半過去三単)
là そこに、その時

そこを通りかかったチャンスを

チャンス　あなたと私のための　　　　　モワバ　ダバダ　　ダバ　ダバダ

あなたと私の　　　　　　　　　モワバ　ダバダ　ダバ　ダバダ
（3 回繰り返し）

あなたと私の

（この曲は Mireille Mathieu, Lisa Ono らにもカバーされている。）

21. Il pleut sur la route　　小雨降る径　　Tino Rossi

(Raquel Bitton 他多数)

Il pleut sur la route...　　　　　**Le cœur en déroute**
イル プル スュる らるートゥー　　　ルークるアン デるートゥー

Dans la nuit j'écoute　　　　　　**Le bruit de tes pas**
ダンラニュイ ジェクートゥー　　　ルーブリュイ ドゥ テパー

Mais rien ne résonne　　　　　　**Et mon corps frissonne**
メ りヤンヌ れゾーヌー　　　エモンコーる フリソーヌー

L'espoir s'envole déjà　　　　　**Ne viendrais*-tu pas?**
レスポワーる サンヴォルー デジャー　　ヌーヴィヤンドゥれー ティユ パー

(* viendras で歌唱される場合あり)

　　　*Dehors... le vent, la pluie　　　**Pourtant, si tu m'aimes**
　　　ドゥオーるルヴァーン ラブリュイー　　プーるタン スィ ティュメームー

　　　Tu viendras quand même　　　**Cette nuit ?**
　　　ティューヴィヤンドゥら カンメーム　　セートゥーニュイー

　　　Il pleut sur la route　　　**Dans la nuit j'écoute**
　　　イル プル スュる らるートゥー　　ダン ラニュイ ジェクートゥー

　　　A chaque bruit mon cœur bat　　　**Ne viendras-tu pas?**　　*****
　　　ア シャーク ブるュイ モンクーる バー　　ヌー ヴィヤンドゥらーティユパー

L'orage est partout　Dans un ciel de boue　　**Mais l'amour se rit de tout**
ローらジュエパーるトゥーダーンザンスィエルドゥブー　メーラムーる スリードゥートゥー

Il* a dit ce soir　Pour la* recevoir　　**Chez moi tout chante l'espoir**
イーラディスソワーるプーるらるースヴォワーるシェーモワトゥシャントゥーレースポワーる

(*Il→Elle、*la→le で歌唱される場合あり)

　　(Instrumental)　　　（上記　* 繰り返し）

94

雨降る径 心彷徨う
pleuvoir 雨が降る（pleut 三単現） route :f 道路、道 cœur :m 心、気持ち
déroute :f 敗走、混乱、当惑

夜に 私は耳を傾ける あなたの足音に
nuit :f 夜 écouter 聞く、従う bruit :m 音、雑音、噂 pas :m 歩、歩み、足音

でも 何も 鳴り響かず 私は身震いする
rien ne 何も〜ない résonner 響く、反響する corps :m 体、物体 frissonner 震える、揺らめく

望みは消え去り もう 来ないかもしれない あなたは？
espoir :m 希望、望み、期待 s'envoler 飛び立つ、消え去る déjà もう、すでに
venir 来る、出身である、起因する（viendrais 条件法二単(推測) viendras 単純未来二単）

外は 風、雨 けれど あなたが私を愛しているなら
dehors 外に、戸外で vent :m 風 pluie :f 雨 pourtant しかし、それでも aimer 愛する、好む

それでも あなたは 来るのでは 今夜？
quand même それでも、やはり、まったく

雨降る径 夜になると 私は耳を傾ける

物音がするたび 私の胸は高鳴る 来ないのだろうか あなたは？
chaque それぞれの、ごとに、のたびに battre 打つ、たたく、鼓動する（bat 三単現）

雷雨があちこち 淀んだ空に でも 恋心は全くものともしない
orage :m 雷雨、にわか雨、爆発、波乱 partout いたる所に、どこにも ciel :m 空、天、気候
boue :f 泥、ぬかるみ se rire de 嘲笑する、意に介さない、ものともしない tout :m すべて

それ（恋心）は告げた 今宵 あの人を迎え入れようと 私の中で ひたすら響く願い
dire 言う、教える（dit 過去分詞） recevoir 受け取る、迎える chez の家で、宅で、
の店で、において、心の中で chanter 歌う、鳴く、奏でる

ドイツ語原曲名：Auch in trüben tagen
IL PLEUT SUR LA ROUTE Words & Music by Henry Himmel French lyric by Eugene Gohin

22. J'attendrai 待ちましょう Rina Ketty/Tino Rossi/Dalida 他

* **J'attendrai le jour et la nuit**
ジャータンドゥれー ルー ジューるエーラ ニュイ

J'attendrai toujours ton retour
ジャタンドゥれー トゥジューる トーンるートゥーる

J'attendrai car l'oiseau qui s'enfuit
ジャータンドゥれー カーるロワゾー キ サンフュィー

vient chercher l'oubli dans son nid
ヴィヤン シェるシェー ルブリー ダンソーンニー

Le temps passe et court en battant tristement
ルーターン パースエクーる アンバターン トゥりーストゥマーン

dans mon cœur plus lourd　Et pourtant j'attendrai ton retour *
ダンモン クーる プリュルーる エプーるターン ジャタンドゥれートーンるートゥーる

Les fleurs pâlissent	**Le feu s'éteint**
レ フルーる パリースー	ル フ セターン
L'ombre se glisse	**Dans le jardin**
ロンブる スグリースー	ダン ル ジャるダーン
L'horloge tisse	**Des sons très las**
ロるロージュ ティースー	デ ソーン トゥれルラー
Je crois entendre ton pas	
ジュクろワ ザンターンドゥる トッパー	

Le vent m'apporte	**des bruits lointains**
ル ヴァン マポーるトゥー	デ ブリュィ ロワンターン
Guettant ma porte	**j'écoute en vain**
ゲタン マポーるトゥー	ジェクートゥ アンヴァーン
Hélas, plus rien plus rien ne vient	
エーラス プリュ りヤーン プリュ りヤーン ヌヴィヤーン	

（ *　上記の * に戻る）

待ちましょう　昼も夜も　　　　　　　私は待っています　いつも　あなたの帰りを
attendre 待つ、期待する (attendrai 単純未来一単)　jour :m 日、昼　nuit :f 夜
toujours いつも　retour :m 帰り、帰宅、帰国
待ちましょう　なぜなら　飛び去った鳥も　探しにくるから　その巣に残した忘れ物を
car なぜなら、だから oiseau (pl.x) :m 鳥　s'enfuir 逃げ去る、消え去る venir 来る、生じる
(vient 三単現) chercher 探す、求める oubli :m 忘却、失念 nid :m 巣、すみか、巣窟

時は　過ぎ　駆け抜けていく　　　　　　寂しく刻みながら
temps :m 時、時間、時期　passer 通る、進む、過ぎる　courir 走る、駆ける、流れる
(court 三単現)　battre 叩く、打つ、打ち負かす、リズムを刻む（battant 現在分詞）
tristement 悲しく、寂しく、残念ながら
私の思いの中を　より重苦しく　　　　　それでも　待ちましょう　あなたの帰りを
cœur :m 心、胸、気持ち、心臓、中心 plus もっと、さらに lourd, e 重い、重苦しい
pourtant それでも、しかし

花は色あせ　　　明かりも消え　　　　闇が忍び寄る　　庭に
fleur :f 花　pâlir 青ざめる、色あせる(pâlissent 三複現) feu :m 火、照明 s'éteindre 消える、
なくなる（éteint 三単現）ombre :f 陰、日陰、闇　se glisser 滑り込む、まぎれ込む
jardin :m 庭、公園
大時計は紡ぐ　　　　　　　　　とても重苦しい音を
horloge :f 大時計 tisser 織る、織り成す son :m 音、響き las, se 疲れた、うんざりした
私は思ってしまう　　　　　　あなたの足音が聞こえると
croire 信じる、思う（crois 一単現）entendre 聞こえる、理解する pas :m 歩、歩み、足音

風は私に運んでくる　　　　　　物音を遠くから
vent [vɑ̃] :m 風、風向き apporter 持ってくる、運ぶ bruit :m 物音、騒ぎ、噂 lointain, e 遠い
でも扉を見つめながら　　　　　　耳を傾けても　何もない
guetter 待ち構える、つけ狙う（guettant 現在分詞）porte :f ドア、扉、戸、門
écouter 耳を傾ける、聞く、従う vain [vɛ̃] 無駄な、むなしい、内容のない、うぬぼれた
en vain しても無駄だった
ああ、もう何も　もう何も来やしない
hélas [elɑs] ああ、残念、悲しいかな　plus rien もう何も　venir 来る（vient [vjɛ̃] 三単現）
参考：原曲イタリア "Tornerai (トるネらイ)" Carlo Buti, Trio Lescano 創唱
　　　Dino Olivieri はプッチーニ作曲蝶々夫人第二幕最終部のハミングの旋律から
　　　この曲の冒頭の旋律を着想
　　　（ドイツでもフランスとほぼ同時期に"Komm zurück"の曲名で歌われる）

23.   Mon voisin   隣人   Véronique Sanson

1)   モン ヴォワザン

Ils sont rentrés.   **J'entends du bruit sur le palier.**
イルソン らントゥれー   ジャンタン ディュブリュィ スュる ルーパリエー

Peut-être ils vont jouer du piano.   **Alors, il arrivera,**
ブテートゥる イルヴォン ジュエ ディュピヤノー   アロー　イラりヴらー

Dira bonjour, les embrassera   **Et j'entendrai son pas.**
ディら ボーンジューる レーザンブらスらー   エ ジャンタンドゥれ ソンパー

Je devinerai où il va,   **Je devinerai où il va.**
ジュドゥヴィヌれ ウ イールヴァー   ジュドゥヴィヌれ ウ イールヴァー

Ils sont rentrés.   **J'entend des bruits dans l'escalier.**
イルソン らントゥれー   ジャンタン デブリュィ ダン レースカリエー

Peut-être il va jouer du piano.   **Moi, j'écouterai si fort.**
ブテートゥる イルヴァ ジュエ ディュピヤノー   モワ ジェクトゥれ スィフォーる

J'écouterai encore et encore   **Et il s'arrêtera.**
ジェクートゥれ アンコーるエアンコーる   エ イルサれトゥらー

Je devinerai où il va,   **Je devinerai où il va.**
ジュドゥヴィヌれ ウ イールヴァー   ジュドゥヴィヌれ ウ イールヴァー

* Mais je ne veux plus y penser,   **Mais je ne veux plus l'écouter.**
メ ジューヌー ヴ ブリューズィパンセー   メ　ジュヌヴー ブリュー レクーテー

Je vais bientôt aller me coucher   **Mais je ne veux plus y penser. ***
ジェヴェ ビヤントー アレームクシェー   メ　ジュヌ ヴ　ブリューズィ パンセー

Non ノーン   * 繰り返し

1)

あの人たちは戻ってきた　　　　　　　私には聞こえる　物音が　隣から

voisin, e　隣人、近所の人、隣国　　rentrer　帰る、戻る、帰宅する、入る（rentré 過去分詞）

entendre（自然に）聞こえる、耳に入る、理解する（entends 一単現、entendrai 未来一単）

bruit :m 音、物音、騒音、うわさ　　palier :m（階段の）踊り場、(踊り場を共有する) 階、水平

部、横ばい状態、安定期　voisin de palier　同じ階のすぐ隣の隣人

たぶん　あの人たちは　ピアノを弾こうとしてる　　　それで　あの人がやって来る

peut-être たぶん、もしかすると　aller 行く、～しようとする（vont 三複現、va 三単現、vais

一単現）　　jouer 遊ぶ、演奏する　piano :m ピアノ　　alors さて、それで、だから、その時

arriver 着く、やって来る、達する（arrivera 未来一単）

挨拶をし　みなを抱きしめるだろう　　　　それで私は聞くことになる　その足音を

dire 言う、告げる（dira 未来一単）　bonjour おはよう、こんにちは　　embrasser キスをする、

抱きしめる、把握する、含む（embrassera 未来三単）pas :m 歩、歩み、足音、足跡、歩調

私は思い描くだろう　　　　　　　　　どこにあの人が行こうとするか（x 2）

deviner 言い当てる、解く、察する、見抜く、(稀)占う、予言する（devinerai 未来一単）

où どこに、どこへ

あの人たちは戻ってきた　　　　　　　私には聞こえる　物音が　階段から

escalier :m 階段

きっと　男はピアノを弾く　　　　　　私は聞き入るだろう　耳をそばだて

écouter 聞く、耳を傾ける、言うことに従う（écouterai 未来一単）

si とても、それほど　　fort 強く、激しく、ひどく、大いに

私は聞こうとする　ずっとずっと　　　　そして　あの人が演奏をやめることになれば

encore まだ、また、さらに、しかし　s'arrêter 止まる、中断する、立ち止まる、やめる

(s'arrêtera 未来三単、s'arrêtait 半過去三単)

私は思い描くだろう　　　　　　　　　どこにあの人が行こうとするか（x 2）

でも　私はもうそのことを考えたくない　　まったく　私はもうあの人を聞きたくない

mais だが、しかし、全く、実に、いったい　ne～plus もう～しない　vouloir 欲しい、望む、

したい（veux 一単現）　y それに　penser 考える、思う

私はすぐにも眠りにつくところ　　　　まったく　私はもうそのことを考えたくない

bientôt やがて、すぐに　se coucher 寝る、（太陽、月、星が）沈む、身をかがめる、伏せる

99

2) Ils sont rentrés.
イルソン らントゥれー

Le piano a cessé de jouer.
ルピヤノ アセセードゥ ジュエー

Je crois que sa chambre est au fond.
ジュクろワ ク サシャンブる エト フォーン

Je suis triste s'il y va
ジュスュィトゥりストゥ スィリヴァー

Parce qu'alors je ne l'entends pas
パるスカロー ジューヌ ラーンタンパー

Mais si j'entends sa voix,
メ スィジャンタン サヴォワー

Je devinerai où il va,
ジュドゥヴィヌれ ウ イールヴァー

Je devinerai où il va.
ジュドゥヴィヌれ ウ イールヴァー

Ils sont rentrés
イルソン らントゥれー

Et puis je vois mes mains trembler.
エピュイ ジュヴォワメマーン トゥらンブレー

Et si le piano s'arrêtait,
エ スィ ルピヤノ サーれテー

Et puis s'il ne venait pas
エプュイ スィルヌ ヴネパー

Ou bien alors s'il sonnait chez moi ?
ウビヤン アロー スィルソネ シェモワー

Un jour il viendra.
アンジューる イルヴィヤンドゥらー

Je devinerai où il va,
ジュドゥヴィヌれ ウ イールヴァー

Je devinerai où il va.
ジュドゥヴィヌれ ウ イールヴァー

* Mais je ne veux plus y penser,   Mais je ne veux plus l'écouter.
メ ジューヌーヴ プリュー ズィパンセー メ ジュヌヴー プリュー レクーテー

Je vais bientôt aller me coucher   Mais je ne veux plus y penser. *
ジェヴェ ビヤントー アレー ムクシェー メ ジュヌ ヴー プリューズィ パンセー

Non ノーン   *** 繰り返し**

Euh euh,   Euh euh euh euh,   Euh euh euh euh,   Euh euh euh
ウーウ   ウ、ウ、ウ、ウ   ウ、ウ、ウ、ウ   ウッ、ウ　ウー

(1) Le le le,   La la la,   Ah   2), 3) Le le le,   Les les les,   Ah   4) Ah ah ah,   Ah ah ah, Ah
ルルル   ラララ   アーァ   ルルル   レレレ   アー   アーアア   アーアア　アー

100

2)
あの人たちは戻ってきた　　　　　　　ピアノを弾くのをやめた
cesser やめる、中止する（cessé 過去分詞）

私は思う　あの人の部屋は奥にある　　　私は悲しくなる　あの人がそこに行くなら
croire 思う、信じる（crois 一単現）　　chambre :f 部屋、寝室、室、組合、議会
fond :m 奥、底、基調　triste 悲しい、寂しい、惨めな　s'=si もし~なら、~としたら

なぜってそしたらあの人が聞こえなくなるから　でもあの人の声が聞こえれば
parce que~ なので、だから、なぜなら　　　　　voix :f 声、意見、票、(文法)態

私は思い描くだろう　　　　　　　　　　どこにあの人が行こうとするか（x 2）

あの人たちは戻ってきた　　　　　　　　すると私にはわかる　私の両手がふえるのが
puis 次に、それから、そして、~と(列挙)、そのうえ、さらに　main :f 手、手法
trembler 震える、揺れる、心配する　voir 見える、理解する、わかる、確認する、経験する
voir+名詞+不定詞：~が~するのが見える (vois 一単現)

そして　もしピアノがとまったとしても　あの人が来なかったら
venir 来る、現れる、起因する、至る（venait 半過去三単、viendra 未来三単）

それとも　その時　あの人が　私の部屋を鳴らしたら？　　　ある日あの人が来ることに
sonner 鳴る、呼び鈴を鳴らす、響く（sonnait 半過去三単）chez の家で、の店で、において
un jour いつか、ある日

私は思い描くだろう　　　　　　　　　　どこにあの人が行こうとするか（x 2）

でも　私はもうそのことを考えたくない　まったく　私はもうあの人を聞きたくない

私はすぐにも眠りにつくところ　　　　　まったく　私はもうそのことを考えたくない

24. Que c'est triste Venise 悲しみのベニス Charles Aznavour

1)

Que c'est triste Venise
クセトゥリストゥ　ヴニーズ

Au temps des amours mortes
オターンデザムーるモーるトゥ

Que c'est triste Venise
クセトゥリストゥ　ヴニーズ

Quand on ne s'aime plus
カーン　トンヌセームプリュー

On cherche encore des mots
オンシェるシュアンコーるデモー

Mais l'ennui les emporte
メランニュイ　レザンポーるトゥ

On voudrait bien pleurer
オンヴドゥれ　ピヤンプルれー

Mais on ne le peut plus
ネゾンヌル　プ　プリュー

Que c'est triste Venise
クセトゥリストゥ　ヴニーズ

Lorsque les barcarolles
ローるスク　レバるカろール

Ne viennent souligner
ヌヴィエンヌ　スリニエー

que les silences creux
クレスィラーンス　くるー

Et que le cœur se serre
エク　ルクーる　スセーる

En voyant les gondoles
アンヴォワヤーン　レゴンドール

Abriter le bonheur
アーブリテー　ルボヌーる

des couples amoureux
デクープルザムーるー

QUE C'EST TRISTE VENISE

Musique de Charles AZNAVOUR　Paroles de Françoise DORIN

1)　何と悲しいベニス　　　　　　　　　愛がなくなった時

que なんと、なんて(感嘆詞) triste 悲しい、寂しい、惨めな Venise ヴェネチア、ヴェニス
temps :m 時、時間、時期、天気 amour :m 愛、愛情、恋、恋人（文語では複数形で女性名詞として扱うことがある）　　mort, e 死んだ、なくなった

何と悲しいベニス　　　　　　　　　　二人もう愛し合わなくなったら

quand の時に、すると、したら、（原因・条件）~だから、ならば、（対立）~なのに、
(譲歩) たとえ~でも on 人々、私達　ne~plus もう~しない　　s'aimer 愛し合う

言葉を再び探しても　　　　　　　　　　虚しさが打ち消してしまう

chercher 探す、求める、よく考える、迎え/取りに行く encore まだ、また、再び、もっと
mot :m 言葉、単語　　ennui :m 悩み、心配、嫌なこと、倦怠、もの憂さ
emporter 持ってゆく、持ち去る、突き動かす、勝つ

二人　泣きたいと思っても　　　　　　　それ (泣くこと) すらもうできない

vouloir 欲する、望む、~したい（voudrait 条件法三単）　　bien よく、まさに、とても
pouvoir できる、してもよい（peut 三単現）

何と悲しいベニス　　　　　　　　　　時の流れに　　ゴンドラの舟歌が

lorsque の時、~なのに　barcarolle :f バルカロール（ヴェネチアのゴンドラこぎの舟歌）

際立たせてくるのは　　　　　　　　　　虚しい静けさだけ

venir+不定詞　しに来る、~するようになる（可能性、強調、抗議などを表す）
(viennent 三複現)　souligner 下線を引く、強調する　silence :m 沈黙、静寂、静けさ
creux, se 空洞の、空の、虚ろな、くぼんだ、内容のない　ne~que しか~しない

そして　心が締め付けられる　　　　　　目にするゴンドラは

que （先行する接続詞(句)の代用、先行の接続詞は lorsque,quand, comme,puisque,quoique 他）
cœur :m 心、気持ち、心臓、胸 se serrer 詰め合う、互いに握る、身を寄せる、締め付ける
voir 見る（voyant 現在分詞）　gondole :f（ヴェネチアの）ゴンドラ、商品陳列棚

幾組もの恋人たちの幸せを　　　　　　　　守っているのに

abriter 守る、保護する、収容する　(参考 abri :m 雨風・危険などから身を守る避難所、
屋根付き待合所、収納庫、仮置き小屋、収納庫、シェルター)
bonheur :m 幸福、幸せ、幸運　　　couple :m カップル、恋人同士、ペア、トルク
amoureux, se 恋してる、夢中の、恋人

2)

Que c'est triste Venise

Au temps des amours mortes

Que c'est triste Venise

Quand on ne s'aime plus

Les musées, les églises
レミュゼー　レゼグリーズ

Ouvrent en vain leurs portes
ウヴる　ターンヴァーン　ルーるポーるトゥ

Inutile beauté
イニュティルボーテー

Devant nos yeux déçus
ドゥヴァン　ノズィュデスィュー

Que c'est triste Venise
クセトゥりストゥ　ヴニーズ

Le soir sur la lagune
ルソワーる　スュるラ　ラギューヌ

Quand on cherche une main Que l'on ne vous tend pas
カントンシェるシェユヌマーン　　　クロンヌヴターンパー

Et que l'on ironise
エクロン　ニろニーズ

Devant le clair de lune
ドゥヴァンー　ルクレーるドゥリューヌ

Pour tenter d'oublier
プーるターンテー　ドゥブリエー

Ce que l'on ne se dit pas
スクロン　ヌスディパー

Adieu tous les pigeons
アディユー　トゥレーピジョーン

Qui nous ont fait escorte
キヌゾーンフェ　テスコーるトゥ

Adieu Pont des Soupirs
アディユ ポン　デスピーる

Adieu rêves perdus
アディユー　れーヴペーるディュー

C'est trop triste Venise
セトゥろ　トゥりストゥ　ヴェニーズ

Au temps des amours mortes
オタンデザムーるーモーるトゥ

C'est trop triste Venise
セトゥろトゥりストゥ　ヴニーズ

Quand on ne s'aime plus
カーントーンヌーセーム　ブリュー

2) 何と悲しいベニス　　　　　　　　愛がなくなった時
　　何と悲しいベニス　　　　　　　　二人もう愛し合わなくなったら

美術館も　教会も　　　　　　　　　その扉を開けているのも虚しく
musée :m 美術館、博物館　église :f 教会　　ouvrir あける、開く、開業する、開始する
(ouvrent 三複現)　vain, e 無駄な、むなしい、内容のない　porte :f 扉、ドア、門、ゲート

無駄な美しさ　　　　　　　　　　　私達の虚ろな眼差しの前では
inutile 役に立たない、不要な、無駄な、むなしい beauté :f 美しさ、美容、美人、見事さ
devant の前に yeux :m.pl 目、両眼(単数：œil) déçu, e 失望した、がっかりした、裏切られた

何と悲しいベニス　　　　　　　　　夜の水面（みなも）で
soir :m 晩、夜　　lagune :m 潟、潟湖（外海から離された湖）、ラグーン

手を探し求めても　　　　　　　　　相手に差し伸べることもなくなったら
main :f 手 tendre 張る、伸ばす、広げる、貼る

そして　皮肉めいたことを言い　　　月の光に照らされ
ironiser 皮肉る、皮肉を言う、当てこする　clair :m 明かり、光　lune :f 月

忘れようとしている　　　　　　　　口に出さぬようにしていることを
tenter 試みる、やってみる、気をそそる、惑わす　oublier 忘れる、怠る、忘れて許す
se dire 自称する、ひとりごとを言う、心に思う、互いに言う、言い合う、言われる

さようなら　たくさんの鳩たち　　　私達を見守っていてくれてた
adieu さよなら　　tous (pl.) すべての、大変な数の、まったくの　pigeon :m 鳩
faire する、行う（fait 過去分詞）　escorte :f 警護、護衛

さよなら　ため息の橋　　　　　　　さよなら　失われた夢
pont :m 橋、交流、仲立ち、甲板、連休　soupir :m ため息、pl.恋の悩み、もの悲しい調べ
rêve :m 夢、理想、憧れ　perdu, e 失われた、なくなった、消えた、迷った、駄目になった

あまりにも悲しすぎるベニス　　　　愛がなくなった時
trop あまりに、過度に、〜過ぎる、あまりに多くの

あまりにも悲しすぎるベニス　　　　二人はもう愛し合っていない

105

25. La marche des Rois mages　王の行進 （東方の三博士マギの行進）

ラ　マるシュ　デ　ろワ　マージュ　　　　Tino Rossi / Miss Toony 他多数

1)

De bon matin,　　　　　　　　**J'ai rencontré le train**
ドゥ ボーン マ ターン　　　　　　ジェ らンコントゥれ ルトゥらーン

De trois grands Rois　　　　　**qui allaient en voyage,**
ドゥ トゥろワー グらーン ろワ　　キアレー　タン ヴォワヤージュ

De bon matin,　　　　　　　　**J'ai rencontré le train**
ドゥ ボーン マ ターン　　　　　　ジェ らンコントゥれ ルトゥらーン

De trois grands Rois　　　　　**dessus le grand chemin.**
ドゥ トゥろワー グらーン ろワ　　ドゥスュ ル グらーン シューマーン

Venaient d'abord　　**les* gardes du corps,**
ヴネー　ダーボーる　　　レ ガるドゥ ディュ コーる
　　　　　　　　　　(*又は des デ)

Des gens armés　　　**avec trente petits pages,**
デジャン ザーるメ*　　アヴェク トゥらントゥ プティ パージュ
　(*又は、アるメ)

Venaient d'abord　　**les* gardes du corps**
ヴネー　ダーボーる　　　レ ガるドゥ ディュ コーる
　　　　　　　　　　(*又は des デ)

Des gens armés　　　**dessus leurs justaucorps.**
デジャン ザーるメ*　　ドゥスュ ルーる ジュスト コーーる
　(*又は、アるメ)

フランス南部プロヴァンス地方民謡

106

marche :f 歩み、行進、進行、運転、（階段の）段

roi :m 王、第一人者、 mage :m 祭司、占星術師、魔術師

Rois mages キリスト降誕の際に訪れた東方の三博士/三賢人（占星術の学者）

1)

朝早く　　　　　　　　　　　　　　私は　隊列に出会った

de bon matin 朝早く　rencontrer 出会う、会う、衝突する（rencontré 過去分詞）

train :m 列車、電車、隊列、行列

三人の立派な王様たち（東方の三賢人）の（隊列）　（彼らは）旅に向かっていた

trois 三つの、三人の　grand, e 大きい、大人の、重要な、偉大な　aller 行く、進む、

~しに行く、動く、~の状態である(allaient 半過去三複、vont 三複現）voyage :m 旅行、移動

朝早く　　　　　　　　　　　　　　私は　隊列に出会った

三人の立派な王様たちの（隊列）　　大きな道の上に

dessus 上に、表に　chemin :m 道、（未舗装の）道路、手段

やって来たのは　最初に　　　　　　　（王の）身を守る護衛兵たち

venir 来る（venaient 半過去三複、viennent 三複現）　d'abord まず、最初に、何より

garde 衛兵、警備隊員　corps :m 体、死体、胴体

武器を携えた者たち　　　　　　　　三十人の若き仕えの者たちと共に

gens :m(f).pl 人々、人たち　armé, e 武装した、武器を持った、供えた、強化さえた

trente 30 の、30 人の　　petit, e 小さい、かわいい、若い、身分/地位の低い

page :m (王侯貴族に仕える) 小姓、近習(きんじゅ)

やって来たのは　最初に　　　　　　護衛兵たち

武器を携えた者たち　　　　　　　　その丈長の上着をまとい

justaucorps （just'au corps）:m ジュストコール(17,18 世紀の体にぴったりした丈長の上着)、

(昔の)ひざ丈コート、（ダンス・スポーツ用)レオタード

2)

（注：2番前半の別歌唱例は下記参照）

Puis sur un char,	**Doré de toute part,**
プュイ スュる アンシャーる	ドれ ドゥ トゥトゥ パーる
On voit trois rois	**modestes comme d'anges***
オン ヴォワー トゥろワ ろワ	モデストゥ コーム　ダーンジュ
	（*又は、des anges デザーンジュ）
Puis sur un char,	**Doré de toute part**
プュイ スュる アンシャーる	ドれ ドゥ トゥトゥ パーる
Trois rois debouts	**parmi les étendards.**
トゥろワ ろワー ドゥーブ	パるミ　レ　ゼタンダーる

L'étoile luit	**Et (/Qui) les Rois conduit,**
レトワールーリュイ	エ（又はキ）レ ろワ　コンディュイー
Par longs chemins,	**Devant une pauvre étable,**
パる ローン　シューマン	ドゥヴァン *ティユヌ ポーヴるエターブル
	（*又は、ユヌ）
L'étoile luit	**Et (/Qui) les Rois conduit,**
レトワールーリュイ	エ（又はキ）レ　ろワー コンディュイー
Par longs chemins	**devant l'humble réduit.**
パる ローン　シューマン	ドゥヴァン ランブル れディュイー

****

（参考：　2番の前半は下記の歌唱例もある）

Puis sur un char,	**parmi les étendards**
プュイ スュる アンシャーる	パるミ　レゼタンダーる
Venaient trois rois	**modestes come d'anges***
ヴネ トゥろワ　ろワ	モデストゥ コーム ダーンジュ
	（*又は、des anges デザーンジュ）
Puis sur un char,	**parmi les étendards,**
プュイ スュる アンシャーる	パるミ　レゼタンダーる
C'est Melchior, Balthazar	**et Gaspard.**
セ メルキョーる バルタザーる	エ ガスパーる

108

2）次に　一台の馬車　　　　　　　　　　　いたるところ金色の（馬車に）

puis 次に、それから、そして　sur の上に　char :m (飾りのついた) 車、山車 (だし)、
馬車、戦車　doré, e 金色の、金箔を張った　tout, e すべての、全部の　part :f 部分、分け前

三人の王様が見える　　　　　　　　　　　慎み深く　　　　　　天使達のよう

voir 見える、見る（voit 三単現）modeste 謙虚な、控え目な、慎み深い、質素な、安い
comme のように、と同じく、などの、および、なので、の時、なんと　ange :m 天使

次に　一台の馬車　　　　　　　　　　　　いたるところ金色の（馬車に）
三人の王様は立っている　　　　　　　　　旗に囲まれ

debout 立って、起きて、立てて　parmi の間に、の中で　étendard :m 軍旗、連隊旗、旗

星は輝き　　　　　　　　　　　　　　　王たちを導く

étoile :f 星、運勢、スター　luire 光る、輝く（luit 三単現）
conduire 連れて行く、導く、運転する、運ぶ（conduit 三単現）
長い道を通って　　　　　　　　　　　　粗末な家畜小屋の前へと

par を通って、から、によって　devant の前に　pauvre 貧しい、粗末な、哀れな
étable :f 家畜小屋、牛小屋

星は輝き　　　　　　　　　　　　　　王たちを導く
長い道を通って　　　　　　　　　　　わびしい住まいの前へと

humble 謙虚な、控え目な、へりくだった、取るに足らない、しがない
réduit :m (薄暗い) 小部屋、(部屋の) 片隅、孤塁、わび住まい

- -

(参考：2番の前半の別歌唱)
そして　一台の馬車に　　　　　　旗に囲まれ
三人の王様がやって来た　　　　　慎み深く　天使のよう
そして　一台の馬車に　　　　　　旗に囲まれて
それは　メルキオール、バルタザール、そして、カスパール＊

＊イエス誕生時に拝みに訪れたとされる東方の三賢人/三博士　Mages :Rois mages の名
　三賢人の訪問は後に Épiphanie 公現祭 (/顕現祭/神現祭)となる。
　　ただし、聖書、マタイによる福音書2章には三賢人の名前は記されておらず、盛大な行進の
　　内容は後世が創作・伝承したもの。聖書で訪問したのは王ではなく博士、一般的には占星術
　　学者、天文学者とされている。（参考：博士たちが立ち去ると、主の使いがヨセフの夢に現
　　われユダヤのヘロデ王が幼な子を殺すために捜すだろうと告げたため、イエスの家族はエジ
　　プトへ避難したとされている。）

3)

Au fils de Dieu   Qui naquit* en ce lieu
オ フィス ドゥ ディユー   キ ナキ （タ）アン スリュー

Ils viennent tous présenter leurs hommages,
イル ヴィエンヌ トゥス プれザンテ ルーる ゾマージュ*

                      （*又は、オマージュ）

Au fils de Dieu   Qui naquit* en ce lieu
オ フィス ドゥ ディユー   キ ナキ （タ）アンスリュー

Ils viennent tous présenter leurs doux vœux.
イル ヴィエーンヌ トゥス プれザンテ ルーる ドゥ ヴー

             （* naquit : est né エネ　と歌唱される場合あり ）

De beaux présents,   Or, myrrhe et encens
ドゥ ボープれザーン オーる ミーる エーアンサーン（後半の別歌唱例下記参照）

Ils vont offrir au maître tant admirable
イルヴォーン トフりーる オ メートゥる タン アドミらーブル

De beaux présents,   Or, myrrhe et encens
ドゥ ボー プれザーン オーる ミーる エーアンサーン

Ils vont offrir au bienheureux enfant.
イルヴォン トーフりーる オ ビエン*ヌーるー（ザ）アンファーン

            （*非鼻母音化）

(参考:　3番の後半は下記の歌唱例もある)

Or, myrrhe, encens   sont les beaux présents
オーる ミーる アンサン ソン レ ボー プれザン

Qu'ils ont porté   à cet Enfant adorable
キルゾン ぽるテ ア セタンファン アドらーブル

Or, myrrhe, encens   sont les beaux présents
オーる ミーる アンサン ソン レ ボー プれザン

Qu'ils ont porté   à ce divin Enfant   (x 2)
キルゾン ぽるテ ア ス ディヴィ* ナンファン

            （*非鼻母音化）

3)　この地に生まれし　　　　　　　　　神の御子に
fils [fis フィス] :m 息子、子孫　dieu (pl. x) :m 神　　lieu :m 場所、現場
naître 生まれる、誕生する、生じる（naquit 単純過去三単、né 過去分詞）

王たちはやって来た　みな　　　　　　　彼らの賛辞を示しに
tout, e (pl. tous, toutes) すべて（の）、まったく、すべての人/物
présenter 紹介する、差し出す、提示する　　hommage :m 敬意、尊敬、賛辞、挨拶

この地に生まれし　　　　　　　　　　　神の御子に
王たちはやって来た　みな　　　　　　　彼らの優しい祝意を示しに
doux, se 甘い、心地よい、柔らかい、愛情のこもった
vœu (pl. x) :m 願い、願望、祈念、祝意、(神への)誓い

素晴らしい贈り物　　　　　　　　　　　金、没薬、そして、お香を
de：複数形容詞+複数名詞の前の不定冠詞 des は多く de となる
beau (pl. x), belle (pl. s) 美しい、きれいな、見事な、すばらしい、晴れた、快い
présent :m 贈り物、プレゼント（ふつうは cadeau を用いる）　or :m 金、金貨、富、金色
myrrhe [mi:r] :f ミルラ(樹脂)、没薬(もつやく)(香料・薬剤に用いる)　encens :m 香、お世辞

王たちは贈らんとする　　　　　　　　　かくも賛辞すべき主に
offrir 贈る、プレゼントする、提供する、おごる　maître, maîtresse 主人、所有者、先生、長
tant それほど、そんなに、とても、それほど　admirable 感嘆すべき、見事な、すばらしい

素晴らしい贈り物　　　　　　　　　　　金、没薬、そして、お香を
王たちは贈らんとする　　　　　　　　　その幸いなる御子に
bienheureux, se 幸運な、好都合な、幸いな　enfant（男女同形）子供、子、息子、娘、末裔
....
(参考：3番の後半の別歌唱)
金、没薬、お香の　　　　　　　　　　　素晴らしい贈り物
それを王たちは届けた　　　　　　　　　この崇めるべき御子に
porter 持つ、担ぐ、携帯する、持って行く、運ぶ、届ける、支える（porté 過去分詞）
adorable とてもかわいい、愛らしい、すばらしい、礼拝に値する、あがめるべき

金、没薬、お香の　　　　　　　　　　　素晴らしい贈り物
それを王たちは届けた　　　　　　　　　この神の御子に
divin, e 神の、崇高な、見事な

111

26. L'indifférence　　無関心　　Gilbert Bécaud

1)

Les mauvais coups, les lâchetés,　　**quelle importance**
レモヴェ　クー　　　　レ　ラシュテー　　　ケルアンポるターンス

Laisse-moi te dire, laisse-moi te dire　　**et te redire ce que tu sais**
レセモワ　トゥディーる　レセモワ　トゥディーる　　エトゥ　るディーる　ス　ク　ティュセ

Ce qui détruit le monde　　**c'est　L'indifférence ---**
ス　キ　デトゥりュイ　ル　モーンドゥ　　セー　　ランディフェらーンス

Ella a rompu et corrompu　　**même l'enfance**
エ　ラ　ろンピュ　エ　コろンピュ　　　メーム　ランファーンス

Un homme marche, un homme marche,　tombe, crève dans la rue
アッノーム　マーるシュ　　アンノム　マーるシュ　　トーンブ　クれーヴ　ダッラ　りュ

Eh bien! personne ne l'a vu　　**L'indifférence　---**
エビヤン　ぺるソンヌ　ヌ　ラー　ヴィュー　　ランディフェらーンス

L'indifférence　　**Elle te tue**　　**à petits coups**
ランディフェらーンス　　エレ　トゥ　ティユー　　ア　プティ　クー

L'indifférence　　**Tu es l'agneau**　　**elle est le loup**
ランディフェらーンス　　ティュエ　ラニヨー　　エレ　ル　ルー

L'indifférence　Un peu de haine un peu d'amour mais quelques choses
ランディフェらーンス　アン　プ　ドゥ　エーヌ　アン　プ　ダムーる　メ　ケルク　ショーズ

L'indifférence　　**Chez toi tu n'est qu'un inconnu**
ランディフェらーンス　　シェトワ　ティュ　ネカン　ナンコニュ

L'indifférence　　**Tes enfants ne te parlent plus**
ランディフェらーンス　　テザンファーン　ヌ　トゥ　パるル　プリュ

L'indifférence　Tes vieux n'écoutent même plus quand tu leur causes
ランディフェらーンス　テ　ヴィュ　ネクートゥ　メーム　プリュ　カン　ティュ　ルるコーズ

1) 悪だくみや卑怯な行いだって　　　　どれほどのものか（たいしたことじゃじゃない）

mauvais, e 悪い、悪意の、劣った、誤った、有害な　coup :m 打つこと、一撃、殴ること、
行為、衝撃、企て　mauvais coup 悪事、悪だくみ　lâcheté :f 臆病、卑怯、卑劣
quel, le 何、どれ、どんな、なんという　importance :f 重要性、重大さ、大きさ、威光
私からあなたに言わせてくれ　　　　あなたに重ねて言わせて　あなたもご存知のことを
laisser 残す、放っておく、させておく（laise 命令法二単）　dire 言う、示す　redire 再び
言う、繰り返し言う ce（関係代名詞の先行詞）であること　savoir 知っている、覚え込ん
でいる、すべを知る（sais 二単現）

この世を破壊するもの　　　　　　　　　　　　　　　　それは　無関心というやつ

détruire 破壊する、壊す、絶滅させる、廃棄する（détruit 三単現）
monde :m 世界、世の中、社会、人々　indifférence :f 無関心、無感動、つれない心

それは　こわし　駄目にしてきた　　　　　　　　　子どもたちをも

rompre 断つ、破棄する、中断する、破る、乱す、崩す（rompu 過去分詞）　corrompre 堕落
させる、退廃させる（corrompu 過去分詞）　même 同じ、まさにその、でさえ
enfance :f 子供時代、子供、児童、揺籃期、黎明期

人が歩み　　　　行き倒れ　　　　　　　　　　道で　死にそうになっても

homme :m 人、人間、人類、男　marcher 歩く、踏む、進む、動く　tomber 転ぶ、倒れる、
滅びる、失敗する crever 破裂する、はち切れる、死にそうだ、耐え難い　（crève 三単現）
rue :f 街、通り

それでも　全く　誰もその人を見ていない　　　　　　無関心

bien よく、正しく、とても、まさしく　personne ne 誰も~ない　voir 見る、会う、考える
(vu 過去分詞)

無関心　　　　　　それは　あなた自身を殺してゆく　　少しずつ

tuer 殺す、死なせる、枯らす、まいらせる à petits coups 少しずつ　agneau (pl. x) :m 子羊

無関心　　　　　　あなたは子羊　　　　　　　　無関心は狼

le [lə :曖昧音のル] 定冠詞男性単数　loup [lu :明確音のル] :m 狼（雌は louve）

無関心　　　　　　僅かな憎しみでも　　　少しの愛でも　きっと　何かがあれば

peu 少し、ちょっと haine :f 憎しみ、憎悪、嫌悪(有音の h)　quelque chose 何か、あるもの

無関心　　　　　あなたの家庭でも　　　　　　あなたは他人でしかない

chez において、の家で、~宅で、の店で、~屋で、社で　ne ~ que でしかない
inconnu, e 見知らぬ人、無名の人、部外者、よそ者、未知のもの

無関心　　　　　あなたの子どもたちはあなたに　　　　もう話そうとしない

enfant (男女同形) 子供、児童、息子、娘　ne~plus もう~しない　parler 話す、しべる、語る

無関心　　　　　あなたの親たちももう聞こうとさえしない　あなたが話しかけても

vieux, vieile 老人、年寄り、親、おまえ écouter 聞く、耳を傾ける、従う
leur 彼らに、彼女らに　causer 話す、おしゃべりする

113

2)

Vous vous aimez	et vous avez	un lit qui danse
ヴヴゼメ	エ ヴザヴェ	アン リ キダーンス

Mais elle guette,	elle vous guette	et joue au chat à la souris
メゼール ゲートゥ	エル ヴ ゲートゥ	エ ジュー オ シャーア ラ スり

Mon jour viendra	qu'elle se dit	L'indifférence ---
モン ジューる ヴィェンドゥら	ケルスディー	ランディフェらーンス

L'indifférence	Elle te tue	à petits coups
ランディフェらーンス	エール トゥ ティユ	ア プティ ク

L'indifférence	Tu es l'agneau	elle est le loup
ランディフェらーンス	ティュエ ラニヨー	エレ ル ルー

L'indifférence Un peu de haine un peu d'amour mais quelques choses
ランディフェらーンス アン プ ドゥ エーヌ アン プ ダムーる メ ケルク ショーーズ

L'indifférence	Tu es cocu et tu t'en fous
ランディフェらーンス	ティユ エ コキュ エ ティュタン フー

L'indifférence	Elle fait ses petits dans la boue
ランディフェらーンス	エル フェ セ プティ ダン ラ ブー

L'indifférence Y a plus de haine y a plus d'amour y a plus grand chose
ランディフェらーンス ヤ ブリュドゥ エーヌ ヤ ブリュ ダムーる ヤブリュグらンショーーズ

L'indifférence	avant qu'on en soit tous crevés
ランディフェらーンス	アヴァン コーン ナン ソワ トゥス クるーヴェ

L'indifférence	je voudrais la voir crucifiée
ランディフェらーンス	ジュヴドゥれー ラヴォワーる クりュスィフィエ

L'indifférence	qu'elle serait belle écartelée	L'indifférence
ランディフェらーンス	ケル それ ベール エカるトゥレ	ランディフェらーーンス

(L'indifférence   L'indifférence   L'indifférence)

2）あなたたちが愛し合い　　　　　　　　　　寝床を揺らしていても

s'aimer 愛し合う、気に入る　avoir 持つ　lit :m 寝床、ベッド　danser 踊る、揺れ動く

でも　　無関心は狙っている　　　あなたたちを　　　　　ネズミを追う猫のように

guetter（様子を）うかがう、狙う、見張る、待ち構える　jouer 遊ぶ、のふりをする、もて

あそぶ、つけこむ chat, te 猫、かわいい人　souris :f ハツカネズミ、鼠色、マウス

jouer au chat et à la souris 鬼ごっこをする、相手に会えない（隠れて）

自分の時代が来るのだ　と　　　　　つぶやいている　　　無関心が

jour :m 日、曜日、特定の日、日の光、照明、時代、時期　　venir 来る、現れる、なる、

至る、生まれる（viendra 未来三単）se dire 思う、考える、言われる（dit 三単現）

　（無関心　　　それは　　　　　あなたを殺してゆく　　　少しずつ

　無関心　　　あなたは子羊　　　　　　　　　無関心は狼

　無関心　　　僅かな憎しみでも　少しの愛でも　きっと　何かがあれば）

無関心　　　　　あなたはコキュにされても　　　　　　それを問題にしなくなる

cocu, e コキュ、配偶者/恋人を寝取られた人、騙された se foutre ばかにする、無視する、

問題にしない、(状態に)身を置く

無関心　　　　　それは増えてゆく　　　　　　　　汚れの中で

faire des petits 子を産む（se faire petit 身を小さくする、目立たないようにする）

(fait 三単現)　　boue :f 泥、ぬかるみ、沈殿物、汚辱

無関心は　　　憎しみも　愛も　大切なものも　　もう　なくしてしまったところに

plus より多くの、（否定の ne を伴わずに）もはや~ない　（ y a plus~ = il n'y a plus~ ）

grand-chose 大したもの/こと（通常否定形で用いられる）

無関心　　　みなが　　　　　　　それにやられてしまう前に

avant より前に、~する前に on 人、人々、私達（動詞は三人称単数形 soit :être 接続法三単

(on が女性や複数を表す場合、属詞は性・数の一致を行う）

crevé, e 破裂した、(動植物が)死んだ、枯れた、疲れた、くたばった(crevé の末尾に s あり)

en それで、そのために、そのせいで（原因・理由、手段、起源・材料）(de+~に代わる)

無関心　　　私は　見届けたい　　　無関心が　磔（はりつけ）の刑に処されのを

vouloir 欲する、~したい（voudrais 条件法一単）voir 見る

crucifié, e 十字架にかけられた、苦悶の、磔にされた

無関心　　　どんなにいいだろう　　引き裂かれてしまえば　　　　　無関心が

serait :être 条件法三単　beau, belle 美しい、見事な、かなりの、ひどく、まさに

écartelé, e 引き裂かれた

無関心　　　　無関心　　　　　無関心

L'INDIFFERENCE Words & Music by Gilbert Becaud and Maurice Vidalin

27. La plus belle pour aller danser アイドルを探せ Sylvie VARTAN

Ce soir, je serai la plus belle　Pour aller danser　Danser
スソワーる ジュスれー ラプリュベール　プーる アレーダンセーー　ダンセー

Pour mieux évincer toutes celles　Que tu as aimées　Aimées
プるミュ ゼヴァーンセ　トゥトゥセール　クティュア ゼーメーー　エ メー

Ce soir je serai la plus tendre　Quand tu me diras　Diras
スソワーるジュスれー ラプリュターンドゥる　カンティゥムディらーー　ディらー

Tous les mots que je veux entendre Murmurer par toi　Par toi
トゥレモークジュヴザンターンドゥる　ミュるミュれパるトワーー　パるトワー

Je fonde l'espoir que la robe que j'ai voulue
ジュフォンドゥ レスポワーる　クラろーブ クジェヴリュ

Et que j'ai cousue　Point par point
エ クジェクズュ　ポワッパる ポワーン

Sera chiffonnée　Et les cheveux que j'ai coiffés
スら シフォネー　エレシュヴ クジェコワフェー

Décoiffés　Par tes mains
デ コワフェー　パるテマーン

Quand la nuit refermait ses ailes　J'ai souvent rêvé　Rêvé
カンラニュイ るフェるメセゼール　ジェスヴァンれヴェーー　れヴェー

Que dans la soie et la dentelle　(Un) soir je serai la plus belle
クダンラソワ エラダンテール　(アン)ソワーるジュスれーラプリュベール

La plus belle pour aller danser ----
ラプリュベールブーるアレダンセー

Mmm La plus belle pour aller danser ---- La plus belle pour aller danser

今夜　私は　　とびっきり綺麗にして　　踊りに行く　　　　　　　踊りに

soir :m 晩、夜、夕方　être である、になる（serai 未来一単）　beau, belle 美しい、きれいな、素晴らしい　la plus belle 最も美しい　pour のために、〜のに　aller〜しにいく、しようとする　danser 踊る

とても　うまく　押しのけれるように　　　あなたが愛してた　すべての女性たちを

mieux よりより、うまく m：最高、最善　évincer 押しのける、追い出す、排除する　tout, e すべての（pl. tous, toutes）　celle :f 〜の人、もの　aimer 愛する（aimé 過去分詞）

今夜　私は　　とても優しくなる　　あなたが私に　　　　　話かけるなら

定冠詞+plus+形容詞：最も〜な　tendre 優しい、柔らかい　dire 言う（dira 未来二単）

すべての言葉　私が聞きたいもの　　　あなたのささやき　　あなたからの

mot :m 言葉　vouloir〜したい、望む（veux 一単現）　　entendre 聞く、理解する　murmurer ささやく、つぶやく、ぶつぶつ言う　par によって、を通って

　　　　　私は望みを抱いてる　　　　　　私の欲しかったドレスで

fonder 作る、設立する　　espoir :m 希望、期待、望み　robe :f ドレス、服　vouloir 欲する、要求する（voulu 過去分詞）

　　　　　自分で縫い合わせたもの　　　　ひと針ひと針

coudre 縫う、つなぎ合わせる（cousu 過去分詞）　point par point 一つ一つ、逐一

　　　　　そのドレスが皺くちゃにされて、　そして自分でセットした髪も

être（sera 未来三単）　chiffonner 皺くちゃにする、飾りつける、悩ませる（chiffonné 過去分詞）　（être+過去分詞で受動態を形成、過去分詞は主語の性・数に一致）　cheveu (pl. x) :m 髪の毛、頭髪　coiffer かぶる、髪を整える、散髪する

　　　　　かき乱されててしまうのを　　　あなたの両手で

décoiffer 髪を乱す、崩す、かぶせものを取る（décoiffé 過去分詞、前出の sera は省略されている）　main :f 手

夜の帳（とばり）がまた下りると　　　私はよく夢を見た　　　夢を

nuit :f 夜　refermer 再び閉じる　aile :f 翼、羽根　souvent しばしば　rêver 夢を見る

絹のレースに包まれて　　　　　　　ある夜　最高に素敵になってるのを

soie :f 絹　dentelle :f レース

とびっきり綺麗にして踊りに行くために

Oh, tu peux me donner le souffle qui manque à ma vie
オ ティュプムードネールスフル　　キマンクァ マヴィ

Dans un premier cri　　**De bonheur**
ダンザン プるミェクり　　ドゥボヌーる

Oh, si tu veux ce soir cueillir le printemps de mes jours
オ スィティュヴー スソワーるクイーる　ルプらンタンドゥメジューる

Et l'amour en mon cœur
エ ラムーるアンモンクーる

Pour connaître la joie nouvelle　　**Du premier baiser**　**Je sais**
プるコネートゥるーラジョワヌヴェール　　ディュプるミエベゼーー　　ジュセー

Qu'au seuil des amours éternelles
コスーィユ　デザムーるゼテるネール

Il faut que je sois la plus belle　　**La plus belle pour aller danser**
イルフォクジュ ソワ ラプリュベール　　ラプリュベールブーるアレダンセー

Mmm　La plus belle pour aller danser　- - - -
La plus belle pour aller danser　- - - -
La plus belle pour aller danser　- - - -
La plus belle pour aller danser
・・・・・・・・・

LA PLUS BELLE POUR ALLER DANSER

CHARLES AZNAVOUR / GEORGES GARVARENTZ

© Copyright 1964 by Editions Musicales Djanik SA

Rights for Japan controlled by Victor Music Arts, Inc.

そう　あなたは私に与えることができる　　息吹を　それは私の人生になかったもの
povoir できる（peux 二単現）　donner 与える　　souffle :m 息、呼吸、そよ風、息吹
manquer 足りない、欠けている、いなくて寂しい　vie :f 人生、暮らし

初めての幸せの叫びの中で
premier, e 最初の、基本の　　cri :m 叫び声、大声　bonheur :m 幸福、幸せ、幸運

そう　もしあなたが今夜摘み取りたいのなら　私の青春の日々と
cueillir [kœjir] 摘む、採る　　printemps :m 春、青春　jour :m 日、人生、時期

私の心の愛とを
cœur :m 心、心臓

新たな喜びを知るには　　　　　　　最初の口づけから　　　私はわかってる
connaître 知る、経験する　　joie :f 喜び、楽しみ　　nouveau, nouvelle 新しい
baiser :m 口づけ、キス　savoir 知る(sais 一単現)
savoir que+直説法 :~であることを知っている

永遠の愛の始まりに
qu'au (que + à + le の短縮形)　seuil :m 敷居、入り口、始まり　éternel, le 永遠の、果てのない

私はとびっきり素敵じゃなきゃと　　　　　　最高に美しくして踊りに行くの
falloir~しなければならない、必要である（faut 直説法三単）　　être（sois 接続法一単）
il faut que+接続法 :~しなければならない、~でなければならない

とびっきり綺麗にして踊りに行くの

28. Chanson populaire シャンソンポピュレール（恋はシャンソン）

Claude François

1)

La pendule   de l'entrée
ラ パンディュール ドゥ ラントゥれー

s'est arrêtée sur midi
セタれテ スュるミディー

A ce moment   très précis
アスモマン　　　トゥれプれスィー

où tu m'as dit: "je vais partir"
ウティュマディ ジュヴェパるティーる

Et puis   tu es partie
エピュイ　　　ティュエパるティ

J'ai cherché le repos
ジェシェるシェ　ルるポー

j'ai vécu comme un robot
ジェヴェキュコマンろボー

Mais aucune autre n'est venue
メゾキュノートゥるネヴニュー

remonter ma vie
るモンテ　マ ヴィー

Là où tu vas
ラ ウティュヴァ

tu entendras j'en suis sûr
ティュアンタンドゥら ジャンスュイスューる

Dans d'autres voix qui rassurent
ダンドートゥるヴォワ きらシューる

mes mots d'amour
メーモー ダームーる

Tu te prendras
ティュトゥプらンドゥら

au jeu des passions qu'on jure
オジュデパスィオン コンジューる

Mais tu verras d'aventure
メティュヴェらダヴァンティューる

le grand amour
ル グらン タムーる

CHANSON POPULAIRE   Musique de Jean-Pierre Bourtayre / Paroles de Nicolas Skorsky

© Isabelle Musique Editions SARL

The rights for Japan licensed to EMI Music Publishing Japan Ltd.

120

1)

玄関の時計は　　　　　　　　　　　　　　止まった　正午に

pendule :f 置き時計、掛け時計、振り子　entrée :f 入り口、玄関、始まり

s'arrêter 止まる、滞在する、やめる（arrêté 過去分詞）　　midi :m 正午、真昼、南仏

その時　まさにきっかりに　　　　　　　　君は僕に言った　「私　出ていくわ」と

moment :m 瞬間、時、時期、機会　très 非常に、とても　précis, e 正確な、はっきりした、

ちょうどの　　où 場所、又は、時の関係代名詞 dire 言う（dit 過去分詞、disait 半過去三単）

aller 行く、~しに行く、しようとする（vais 一単現、vas 二単現、va 三単現）

partir 出発する、出かける、立ち去る(parti 過去分詞)　puis それから、次に

そして　君は立ち去った

僕は安らぎを求めた　　　　　　　　　　　　　僕は暮らした　ロボットのように

chercher 探す、迎えに行く、しようとする　（cherché 過去分詞）

repos :m 休み、休暇、停止、安らぎ　vivre 生きる、暮らす、生活する（vécu 過去分詞）

comme のように　robot :m ロボット

だけど　他のどのような女性も来なかった　　　　私の人生を励ましには

mais しかし　aucun, e~ne どんな~も~ない　autre 他の人・物　venir 来る、~しに来る

(venu 過去分詞、viens 一単現、viendra 未来三単)　remonter 再び上げる・のぼる・乗る、

さかのぼる、元気づける vie :f 人生、暮らし、生活

君が行くところで　　　　　　　　　　　　　君は聞くだろうと僕はそう確信する

là そこ、あそこ　entendre 聞こえる、理解する（entendras 未来二単）

sûr,e 確信している、確かな

ほかの者たちの声の中に　安心させようとする　　僕（と同じ）の愛の言葉を

autre ほかの(人・物)、別の voix :f 声、意見、票　rassurer 安心させる mot :m 言葉、単語

君は取りつかれるだろう　　　　　　　　　　だれかが誓う情熱の遊びに

se prendre ひっかかる、つかまえる、自分を~と思う、つかみ合う

se prendre à 熱中する、急に~し始める（prendras 未来二単）

jeu :m 遊び、ゲーム、賭け事、演奏　jurer 誓う、約束する、決意する

きっと　巡り合うだろう　偶然にも　　　　　　すばらしい恋に

mais しかし、だが、（強調）実に、全く voir 見る、わかる、体験する（verra 未来二単）

aventure :f (意外な)出来事、冒険、恋愛　　d'aventure 偶然に　　grand amour 大恋愛

121

1> **Ça s'en va et ça revient**　　　**C'est fait de tout petits riens**
サ サン ヴァー エ サーるヴィャン　　　セ フェ ドゥー トゥ プーティ りャン

Ça se chante et ça se danse et ça revient, ça se retient
サ ス シャンテ　　サスダンセ　　サるヴィャン サスるティャン

Comme une chanson populaire
コムュヌ シャンソン　ポピュレーる

2> **L'amour c'est comme un refrain**　**Ça vous glisse entre les mains**
ラーム る　セー　コマーン　るフらン　　サーヴ グリー スアントゥるー レ マン

Ça se chante et ça se danse et ça revient, ça se retient
サ ス シャンテ　　サスダンセ　　サるヴィャン サスるティャン

Comme une chanson populaire
コムュヌ　シャンソン　ポピュレーる

3> **Ça vous fait un cœur tout neuf**
サーヴフェー　アンクるトゥヌフー

Ça vous accroche des ailes blanches dans le dos
サヴー　ザクろシュデゼール　　ブラーンシュ ダーン ルドー

Ça vous fait marcher sur des nuages
サーヴフェー マるシェ スュるデー ニュアージュ

Et ça vous poursuit en un mot
エ サーヴ プーるスュイ アンナンモ

4> （＝歌詞は 1>と同じ）
　　Ça s'en va et ça revient　　　**C'est fait de tout petits riens**
　　Ça se chante et ça se danse et ça revient, ça se retient
　　Comme une chanson populaire

122

1> それ(恋)は消え去っては　またやって来る　それは何でもないようなことの集まり
s'en aller 立ち去る、消え去る、なくなる、過ぎ去る、しに行く
revenir 戻って来る、帰って来る、帰着する、記憶によみがえる（revient 三単現）
faire 作る、行う、させる（fait 形容詞/過去分詞:作られた、できた）
　（3>の歌詞:させる fait 三単現）　　tout 全く petit, e 小さな rien 何もない

それ(恋)は歌われ　踊られ　よみがえり　覚えられる　　　　　流行り歌のように
se それ自身（受動的）chanter 歌う　se danser 踊られる se retenir こらえる、覚えられる
(retient 三単現)　　comme のように、～も、として、なので　chanson :f 歌、歌謡、歌声、
鳴き声、さえずり　populaire 大衆の、庶民の、人気のある、民衆の

2> 恋　それは繰り返される歌のよう　　　　　　　それはあなたの手からすり抜ける
refrain :m 繰り返し句（歌）、反復句、レフレイン　glisser 滑る、すり抜ける、知らぬ間
に進行する、忍び込む　entre の間　main :f 手、手法

それは歌われ　踊られ　よみがえり　覚えられる　　　　　流行り歌のように

3> それ(恋)はあなたの気持ちをまったく新たにし
ccœur :m 心、気持ち、胸、心臓　neuf, neuve 新しい、新品の、できたばかりの、斬新な
(参考：nouveau, nouvelle は「今度の」という意味の新しい)

それはあなたに　つける　白い翼を　その背中に
accrocher 掛ける、接触する、引きつける　　aile :f 翼、羽、翼　blanc, che 白い、無地の
dos :m 背中、背

それは　あなたを　雲の上を歩くよう（な気持ち）にさせる
marcher 歩く、進む、動く　nuage :f 雲、かげり

そして　それはあなたにつきまとうということ　要するに
poursuivre 追いかける、つきまとう、続ける（poursuit 三単現）
en un mot 一言で、簡単に言うと

4> それ(恋)は消え去っては　またやって来る　全くさ些細なことでできる
　　それは歌われ　踊られ　よみがえり　覚えられる　流行り歌のように

2)

Toi et moi   amoureux
トワエモワ　　アムるー

autant ne plus y penser
オタンヌプリュズィパンセ

On s'était plu à y croire
オンセテプリュ　アィクろワーる

mais c'est déjà une vieille histoire
メセデジャユヌヴィエィュイストワーる

Ta vie   n'est plus ma vie
タヴィー　ネプリュマヴィ

Je promène ma souffrance
ジュプろメーヌ　マスフらーンス

de notre chambre au salon
ドゥノトゥるシャンブるオサローン

Je vais, je viens, je tourne en rond
ジュヴェジュヴィャンジュトゥるナンろーン

dans mon silence
ダンモンスィラーンス

Je crois entendre
ジュクろワザンターンドゥる

ta voix tout comme un murmure
タヴォワトゥコマンミュるミューる

Qui me disait je t'assure
キムディゼジュタスューる

le grand amour
ルーグらンタムーる

Sans t'y attendre
サンティアタンドゥる

viendra pour toi j'en suis sûr
ヴィャンドゥらプーるトワジャンスュイスューる

Il guérira tes blessures
イルゲりらテブレスューる

le grand amour
ル　グらンタムーる

（1>　2>　3>　繰り返し）

1>　**Ça s'en va et ça revient**　　**C'est fait de tout petits riens**

　　Ça se chante et ça se danse et   ça revient, ça se retient　　**Comme une chanson populaire**

2>　**L'amour c'est comme un refrain**　**Ça vous glisse entre les mains**

　　Ça se chante et ça se danse et   ça revient, ça se retient　　**Comme une chanson populaire**

3>　**Ça vous fait un cœur tout neuf**　**Ça vous accroche des ailes**　**blanches dans le dos**

　　Ça vous fait marcher sur des nuages　**Et ça vous poursuit en un mot**

2)

君と僕　愛する者　　　　　　　　　　　　　もうそれは考えないがよい

toi 君、あなた　moi 私　amoureux, se 恋してる、夢中な、恋人

autant 同じくらい、同じく、それほどの、いっそ~するほうがよい

ne plus もう~しない、もう~ではない　y それに、そこに penser 考える、思う

二人はお互い満たされていた　それを信じることで　　　　でも　それはもう　昔の話

se plaire 互いに気に入る、~を好む、楽しむ、満足する（一般に過去分詞 plu は不変）

(s'était plu 大過去三単) croire 信じる、~と思う、のような気がする　~à(価値などを)信じる

(crois 一単現)　déjà もう、既に、以前に vieux, vieille　年取った、老けた、年上の、古く

からの、昔からの histoire :f 歴史、物語、話、出来事

君の人生は　もう僕の人生ではなくなった

僕は引きずっている　自分の苦しみを　　　　　　　　　僕たちの寝室からリビングまで

promener 散歩させる、引きずり回す、持ち歩く、(感情を)引きずる（promène 一単現）

souffrance :f 苦しみ、苦痛、苦悩、未決の　chambre :f 部屋、寝室、組合、議会

salon :m 応接間、リビング、店、展示会

僕は行ったり、来たり　　僕は円を描いて回る　　　ひとり静寂の中で

tourner 回る、回転する、つきまとう、曲がる、変わる　rond :m 円、輪、円形

silence :m 沈黙、無言、静寂、休止

僕には聞こえるような気がする　　　　　　　　　　君の声が　まさにささやきのように

murmure :m ささやき、つぶやき、不平、軽やかな音

それ（そのささやき）は僕に(こう)語っていた　私はあなたに確信してるすばらしい愛が

assurer 断言する、保証する、確信させる（je t'assure 以降のフレーズは別れた女性の言葉：

この行以降の t', toi, tes は歌い手を指す）

あなたにも思いがけず　　訪れるでしょう　あなたのために　　私はそう間違いなく思う

attendre 待つ、予想する　s'attendre à を予期する、期待する

それはあなたの（心の）傷を癒やすでしょう　　　　　　　　　すばらしい恋

guérir 治す、癒やす、回復する（guérira 未来三単）　blessure :f 傷、ケガ、痛手

125

29.　Que reste-t-il de nos amours ?　残されし恋には

Charles Trenet

1)

Ce soir le vent qui frappe á ma porte
スソワーる ルヴァン キフらプ　アマ ポーるトゥ

Mc parle des amours mortes
ムパるル　デザムーる　モーるトゥ

Devant le feu qui s'éteint
ドゥヴァン　ルフ　キセタン

Ce soir c'est une chanson d'automne
スソワーる セティゥヌ シャンソン ド トーヌ

Dans la maison qui frissonne
ダンラ メゾン　キフりソーヌ

Et je pense aux jours lointains*
エジュパンス オジューる ロワンターン

(*anciens ザンスィアーンの歌唱例あり)

＊　Que reste-t-il de nos amours
　ク れストゥティル ドゥ ノザムーる

Que reste-t-il de ces beaux jours
ク れストゥティル ドゥ セ ボジューる

Une photo, vieille photo
ユヌ フォト ヴィエィユ フォト

De ma jeunesse
ドゥマジュネース

Que reste-t-il des billets doux
ク れストゥティル デビィエ　ドゥ

Des mois d'avril, des rendez-vous
デモワ　ダヴリル　デ らンデヴ

Un souvenir qui me poursuit
アン スヴニーる キム　ブるスュイ

Sans cesse
サーンセースー

Bonheur fané, cheveux au vent
ボヌーる　ファネー　シュヴ ゾヴァーン

Baisers volés, rêves mouvants
ベゼー　　ヴォレ　レーヴムヴァン

Que reste-t-il de tout cela
ク れストゥティル ドゥトゥ スラー

Dites-le-moi
ディトゥ ルモワー

Un petit village, un vieux clocher
アンプティ ヴィラージュ アンヴィユクロシェ

Un paysage si bien caché
アンペイザージュ スィビヤンカシェ

Et dans un nuage le cher visage
エダンザンニュアージュ ルシェーるヴィザージュ

De mon passé　＊
ドゥモン パセー

126

1)

今宵　風が　叩く　私のドアを

ce この、その、あの　soir :m 晩、夕方、夜　vent :m 風、屁　frapper 打つ、叩く、殴る、
当たる、印象を与える、襲う　porte :f ドア、扉、戸、出入り口、門、ゲート

(風は) 私に語りかける　消え去った愛を　　　消えゆく (暖炉の) 火の前で

parler 話す、しゃべる、話題にする　amour :m 愛、恋、恋人　mort, e 死んだ、枯れた、
使えなくなった、消え失せた　devant の前に　feu :m 火、照明、情熱、放火、暖炉の火
s'éteindre 消える、色あせる、弱まる（s'éteint 三単現）

今宵　それは　秋の歌　震える家の中で　　　そして私は思いをはせる　遠い日々に

automne [ɔ/o-tɔn] :m 秋(m は黙字) maison :f 家、施設　frissonner 震える、そよぐ、せせらぐ
penser 考える、思う、思考する　jour :m 日、曜日、時期　lointain, e 遠い、はるかな
ancien, ne 古い、昔の、元の

何が残されただろう　私たちの愛から　　　何が残されただろう　あのすばらしい日々から

que 何　rester とどまる、のままでいる、残っている　rester de ～のうちから残る
beau, x (bel), belle, s 美しい、すばらしい

一枚の写真　懐かしい写真　　　　　　　私の若かりし頃の

vieux (vieil), vieilles, s 年取った、年上の、古い、昔からの（通常名詞の前に置く）
photo :f 写真　jeunesse :f 若い頃、青春、若さ、若者

何が残されただろう　思いを込めた手紙から　　　四月の月日から　重ねた逢瀬から

billet :m 切符、券、紙幣、札、短い手紙、通知　doux, ce 甘い、心地よい、優しい、柔ら
かい　mois :m（暦の）月　avril :m 四月　rendez-vous :m 会合、会う約束、予約

思い出は私につきまとう　　　　　　　　尽きることなく

souvenir :m 思い出、みやげ、記憶　poursuivre 追いかける、追跡する、つきまとう、続ける
(poursuit 三単現) sans なしに　cesse :f 中止、中断　sans cesse 絶えず、休みなく

色あせた幸福の時　風になびく髪　　　　奪った口づけ　浮かんでは消える夢

bonheur :m 幸せ、幸福、幸運　fané, e しおれた、色あせた、しなびた、衰えた
cheveu, x :m 髪の毛、頭髪　baiser :m キス、口づけ、接吻　volé 盗まれた
rêve :m 夢、憧れ、すばらしいもの　mouvant, e 揺れ動く、変動する、不安定な、可動の

何が残っているだろう　あのすべてから　　　教えて　それを　私に

tout すべて　cela それ、あれ　dire 言う、話す、告げる（dites 命令法二複）

127

2)

Les mots les mots tendres qu'on murmure
レモー　　　レモ　タンドゥる　コン　ミュるミューる

Les caresses les plus pures
レカれス　レプリュ　ピューる

Les serments au fond des bois
レせるマン　オフォン　デ　ボワー

Les fleurs qu'on retrouve dans un livre
レフルーる　コン　るトゥるーヴ　ダンザン　リーヴる

Dont le parfum vous enivre
ドン　ルパるファン　ウザンニーヴる

Se sont envolés pourquoi?
スソン　タンヴォレ　プるコワー

＊{au Refrain 前頁 ＊繰り返し：下記歌詞}

Que reste-t-il de nos amours
Une photo, vieille photo

Que reste-t-il de ces beaux jours
De ma jeunesse

Que reste-t-il des billets doux
Un souvenir qui me poursuit

Des mois d'avril, des rendez-vous
Sans cesse

Bonheur fané, cheveux au vent
Que reste-t-il de tout cela

Baisers volés, rêves mouvants
Dites-le-moi

Un petit village, un vieux clocher
Et dans un nuage le cher visage

Un paysage si bien caché
De mon passé ＊

"Que reste-t-il de nos amours"

Music by Charles Trenet & Léo Chauliac / Lyrics by Charles Trenet

Copyright © 1942 by Editions Salabert – Paris, France

All rights reserved. International Copyright secured

Reproduced by kind permission of Hal Leonard Europe Srl – Italy

1）（続き）
小さな村　　　古い鐘楼　　　　　　ひっそりとした光景
petit, e 小さい　village :m 村、村民　clocher :m 鐘楼、教区　paysage :m 風景、景色、
状況　si それほど、とても　caché 隠れた、目立たない、秘めた、ひっそりした

そして　雲に　あの　愛しい面影　　　私の過去の
nuage :m 雲、雲状のもの、暗雲、かげり　cher, chère 親しい、懐かしい、大切な、高価な
visage :m 顔、顔色、人、様相　passé :m 過去

2）
言葉　優しい言葉　二人のささやきの
mot :m 語、単語、言葉、表現　tendre 柔らかい、優しい、淡い、幼い
murmurer ささやく、つぶやく、噂する、不平を言う

触れ合い　とても純粋な　　　　　　　そして　誓い　森の奥での
caresse :f 優しく触れる、愛撫　pur, e 純粋な、まったくの、澄んだ
serment :m 誓い、固い約束、宣誓　fond :m 底、奥、低地、背景、基本　bois :m 森、材木

花々が見つかる　本の間に　　　　　　その香りはあなたを酔わせるものなのに
fleur :f 花、花飾り、盛り　retrouver 見つけ出す、捜し出す、また会う、思い出す
livre :m 本、書物、台帳　　dont その　parfum :m 香り、香水、風味
enivrer 酔わせる、うっとりさせる、陶酔させる

(それらが) みな消え去ってしまったのはなぜ
s'envoler 飛び去る、吹き飛ばされる、過ぎ去る、消え去る　pourquoi なぜ、どうして

参考：この曲は Lucienne Boyer, Nana Mouskouri, Patrick Bruel et Nolwenn Leory (デュエット),
　　　Stacey Kent, Dalida, Jacqueline François ら多くの歌手により歌唱されている。

30. La maladie d'amour　　恋のやまい　　Michel Sardou

1)

Elle court, elle court,　　La maladie d'amour,
エルクーる　　エルクーる　　　ラ　マラディー　　ダムーる

Dans le cœur des enfants　　De sept à soixante-dix-sept ans.
ダン　ル　クーる　デ　ザンファーン　　ドゥセタ　ソワサーン（トゥ）　ディセターン

Elle chante, elle chante,　　La rivière insolente
エルシャーン（トゥ）　　エルシャーン（トゥ）ラ　りヴィエーる　アンソラーン（トゥ）

注記：上記の（[t]トゥ）の個所の歌唱は微弱（無声音）

Qui unit dans son lit　　Les cheveux blonds, les cheveux gris.
キ　ユニー　ダンソンリー　　レシュヴ　ブローン　　レーシュヴー　グりー

Elle fait chanter les hommes　　et s'agrandir le monde.
エルフェ　シャンテ　　レゾーム　　エサグらンディーる　ルモーンドゥ

Elle fait parfois souffrir　　tout le long d'une vie.
エルフェ　パるフォア　スフりーる　　トゥルローン　ドゥーヌヴィー

Elle fait pleurer les femmes,　　elle fait crier dans l'ombre
エルフェ　プルれ　レファーム　　エルフェクりエ　ダンローンブる

Mais le plus douloureux,　　c'est quand on en guérit.
メルプリュ　ドゥルるー　　セカットンナーンゲりー

LA MALADIE D'AMOUR

Words by Michel Sardou and Yves Dessca　Music by Jacques Revaux

© Copyright by ART MUSIC FRANCE All Rights Reserved. International Copyright Secured.

Print rights for Japan controlled by Shinko Music Entertainment Co., Ltd.

1)

駆け巡る　　　駆け巡る　　　　　　　　恋のやまい

courir 走る、流れる、駆ける（court 三単現）maladie :f 病気　amour :m 恋、愛

心の中に　　7歳の子どもたちから　　　　77歳まで

cœur :m 心、気持ち、胸、心臓　enfant 子供、児童（男女同形）de から、~の　à ~に、

~へ、~のための　sept [sɛt]（p は黙字）7つ、7人 soixante-dix-sept 77　an :m 年、歳

歌う　　　　歌う　　　　　　　　とめどない川の流れ

chanter 歌う、快い音を奏でる　rivière :f 川、流れ　insolent, e 無礼な、傲慢な、生意気な
すごい、並外れた、これ見よがしの、ひけらかすような

その中で結びつける　　　ブロンドの髪の者たちも　　グレーの髪の者たちも

unir 結びつける、結婚させる（unit 三単現）　lit :m ベッド、寝床、川床　cheveu, (pl. x) :m :
髪の毛、頭髪　blond, e ブロンドの、金髪の　（tête blonde 子供の（若い）金髪頭：成長に
つれて濃くなる）gris, e 灰色の、グレーの、（年配の）白髪交じりの

恋する思いは　人を歌わせ　　　　　　人々を成長させる

faire 作る、させる（fait 三単現）　chanter 歌う　homme :m 人、人間、人類、男
s'agrandir 大きくなる、偉大になる　monde :m 世界、社会、人、人々、仲間

時には辛い思いにもさせる　　　　　　生きていく間に

parfois 時には　souffrir 苦しむ、苦労する、患う　tout le long に沿ってずっと、の間中

恋する思いは女性を泣かせ　　　　　　叫ばせる　闇のなかで

pleurer 泣く、涙を流す、嘆く　femme :f 女、女性、妻
crier 叫ぶ、泣き叫ぶ、訴える　ombre :f 陰、暗がり、闇

でも　最も悲しいのは　　　　　　　　人がそこ（恋のやまい）から癒えてしまう時

le plus+形容詞：最も~な　douloureux, se 痛い、苦しい，つらい、悲しそうな
quand の時　guérir 治す、癒やす、回復する、癒える、解放する（guérit 三単現）

2)

Elle court, elle court, La maladie d'amour,

Dans le cœur des enfants De sept à soixante dix-sept ans.

Elle chante, elle chante, La rivière insolente

Qui unit dans son lit Les cheveux blonds, les cheveux gris.

Elle surprend l'écolière sur le banc d'une classe
エルスュるプらーン レ コリエーる スュるルバーン ドゥーヌ クラース

Par le charme innocent d'un professeur d'anglais.
パるル シャーるム イノサーン ダーンプロフェスーる ダーングレー

Elle foudroie dans la rue cet inconnu qui passe
エルフドゥろワ ダンラーりュー セタン コニュ キーパースー

Et qui n'oubliera plus ce parfum qui volait.
エキヌーブりら ブりュー スパるファン キーヴォレー

*Elle court, elle court, La maladie d'amour,
Dans le cœur des enfants De sept à soixante-dix-sept ans.
Elle chante, elle chante, La rivière insolente
Qui unit dans son lit Les cheveux blonds, les cheveux gris.* (x 2)

Elle fait chanter les hommes et s'agrandir le monde.
Elle fait parfois souffrir tout le long d'une vie.

Elle chante, elle chante, La rivière insolente
Qui unit dans son lit Les cheveux blonds, les cheveux gris.

2)

駆け巡る　　駆け巡る　　　　　　恋のやまい

心の中に　　7歳の子どもたちから　　77歳まで

歌う　　　歌う　　　　　　　　とめどない川の流れ

その中で結びつける　　　ブロンドの髪の者たちも　グレーの髪の者たちも

恋する思いは不意に訪れる　小学生の少女に　　　　学校で　授業中に
surprendre 驚かせる、不意に襲う、不意に訪れる、見つける（surprend 三単現）
écolier, ère 小学生、学童、初心者　banc [bɑ̃ バン] :m ベンチ、作業台　sur le banc 学校で、
在学中に　classe :f クラス、授業、教室、品格

さわやかな魅力にとりつかれてしまう　　　　　ある英語の先生に
charme :m 魅力、魔力　innocent, e 無罪の、無邪気な、純真な　professeur 教師、教授、先生
anglais :m 英語

恋する思いはハッとさせる　街で　　　　　　通りすぎるその見知らぬ者を
foudroyer 落雷する、即死させる、驚愕させる（foudroie 三単現）　(foudre :f 雷　coup de foudre
落雷、ひと目ぼれ)　rue :f 通り、街　　inconnu, e 見知らぬ人、無名の人、よそ者
passer 通る、通行する、立ち寄る、移る、過ぎる

そして　(その人は)　もう忘れることはない　　　漂っていたあの香りを
oublier 忘れる、怠る、ないがしろにする（oubliera 未来三単）ne~plus もう~ない
parfum :m 香り、香水、風味　voler 飛ぶ、舞い上がる、盗む（volait 半過去三単）

参考：上記下線付き訳の上二行と下二行はそれぞれ別の場面を描いている

31. Quoi コワ（何） Jane BIRKIN

1)

Quoi **D'notre amour feu ne resterait** **que des cendres**
コワー ノ・トゥら・ムる・フ・ヌ・れス・トゥれ　クーー・デ・サーン・ドゥる
（D'notre amour は[(t)no-tra-mu:r]3音節）（D'[無声化 t]トゥは場合により発音）

Moi **J'aimerais qu'la* terre s'arrête** **pour descendre**
モワー ジェ・ムれ・クラ・テーる・サ・れ・トゥ　プーる・デ・サーン・ドゥる
（*qu'la は[kla]1音節）

Toi **Tu me dis qu'tu n'vaux pas la corde pour te pendre**
トワー　ティュ・ム・ディ・クティュ・ヴォ・パラ・コるドゥ・プーる・トゥ・パーンドゥる

C't à laisser **ou à prendre**
スターレセー　　ウー　アプらーンドゥる

Joie **Et douleur c'est ce que** **l'amour engendre**
ジョワー エ ドゥ ルーる セ ス クラ　　ムーーる　アンジャーンドゥる

Sois **Au moins conscient que mon cœur** **peut se fendre**
ソワー オモワン コンスィアンクモンクーる　　　プーースファーンドゥる

Soit **Dit en passant j'ai beaucoup à apprendre**
ソワーー ディタンパッサン　ジェボク　パーー　ア プらンドゥる

Si j'ai **bien su** **te comprendre**
スィ ジェー ビヤン スュー　トゥコンプらーンドゥる

Amour **cruel** **Comme un duel** **Dos à dos et sans merci**
ア ムーーる　クリュエル　コ ムー　アンディゥエル　ドーザ ド　エサンメるスィ

Tu **as** **le choix des armes** **Ou celui des larmes**
ティュ アーールシュワ　デザるム　　ウー スリュィ デ ラるム

Penses-y **Penses-y** **Et conçois que c'est à la mort à la vie**
パーンスズィ　パンスズィ　　エ コンソワク セ タ ラ モーる ア ラ ヴィー*
（*又は、タラヴィ）

134

1) 何　　　　私たちの亡くした愛の炎から　　　残るのは　　　　灰だけなの

quoi 何　d'notre=de+notre : de　～の、~から　notre 私たちの　amour :m 愛、愛情、恋

feu,e 亡き、故　feu :m 火　ne~que しか～ない　rester (自動詞)　残る（条件法三単）

cendre :f 灰　（rester は倒置形等の表現の場合、主語が複数でも動詞が単数の場合がある）

(amour feu を amour fou「激しい愛」と表記した歌詞例もある)

私　　　私は願いたい　　　この世が止まってくれたらと　　　降りる（いなくなる）ために

aimer したい、してもらいたい、を好む（条件法一単）　terre :f 地球、世界、陸、この世

s'arrêter 止まる、やめる、とどまる（s'arrête 接続法三単）　descendre 降りる、泊まる

あなた　あなたは私に言う　　　　僕は値しない　　　自分が首を吊るロープにさえと

valoir の価値がある、に相当する（vaux 二単現）　corde :f 綱、ロープ　pendre つるす

それ　やめるの　それとも手にするの

C't = Ce + est　à+不定詞　~すること、~すべき、~するための　laisser 残す、別れる、

(ある状態の)ままにしておく、放っておく　prendre 手に取る、つかむ、持つ

C'est à prendre ou à laisser 取るか取らないか、決断のしどころだ

喜び　　と　苦しみ　　　　それは　　　　　　恋すればこそ生まれるもの

joie :f 喜び、うれしさ　　douleur :f 苦しみ、痛み、苦痛　engendrer 生み出す、引き起こす

お願い　少しは　気付いて　　　私の心が　　　　　　引き裂きそうなことを

être~であれ(sois 命令法二単) au moins 少なくとも、せめて　conscient 意識のある、自覚した

cœur :m 心、気持ち、心臓 povoir~かもしれない（peut 三単現）se fendre 割れる、引き裂く

そう　言っておくわ　ついでに　　　私には(まだ)たくさんあるの　知っておくべきことが

soit まあいい、よろしい　dire 言う（dit 一単現、dit 二単現）（dit) en passant 通りすがりに、

ついでに　beaucoup たくさん、おおいに　apprendre 学ぶ、知る

たとえ　私が良く　　　　　あなたのことを理解できてたとしても

si もし~なら、~ではあるが、~であるにしても　savoir 知っている、~ することができる

(su 過去分詞)　comprendre わかる、理解する、含む

恋　　つらく　　決闘のよう　　　　背中合わせの　　容赦のない

cruel, le 厳しい、つらい、つれない　comme のよう　duel :m 決闘、戦い、(二者の)対決

dos :m 背　dos à dos 背中合わせに　sans merci 情け容赦ない、苛烈な、つれない

あなたは　選ぶ　　　　　武器を取るか　それとも　涙(のそれ：選択)かを

choix :m 選択、品ぞろえ arme :f 武器、兵器、軍隊　larme :f 涙,悲しみ

celui それ、のもの（指示代名詞）（ここでは celui=le choix）

よく考えて　それを　　よく考えて　それを

penser 考える（pense 命令法二単：y, en の前では s がつく）　y それに

で　わかってほしい　　　　　　それは生きるか　死ぬかっていうこと（生涯のこと）

concevoir 理解する、わかる、構想する(命令法)　mort :f 死、破滅　vie :f 生命、生、人生

2)

Quoi	D'notre amour feu ne resterait	que des cendres
コワー	トゥノトゥるアムーるフ ヌれストゥれ	クーー デサーンドゥる
Moi	J'aimerais qu'la terre s'arrête	pour descendre
モワー	ジェムれクラテーる サれトゥ	プーーる デサーンドゥる

Toi	Tu préfères mourir que	de te rendre
トワ	ティュプれフェーるむりーるク	ドゥーー トゥらーンドゥる
	Va donc savoir	va comprendre
	ヴァドーン サヴォワーる	ヴァ コンプらーンドゥる

Amour   cruel   Comme un duel   Dos à dos et sans merci
ア ムーーる クリュエル コ ムー アンディゥエル ドーザド エ サンメるスィ

Tu   as   le choix   des armes   Ou   celui des larmes
ティュ アーールシュワ デ ザるム ウーースリュィ デ ラーるム

Penses-y   Penses-y   Et conçois que c´est à la mort à la vie
パーーンスズィ パンスズィ エ コン ソワ ク セ タ ラ モーる ア ラ ヴィー

3)   (Instrumental)

Toi	Tu préfères mourir que	de te rendre
トワーー	ティュプれフェるむりーるク	ドゥーートゥらーンドゥる
	Va savoir va comprendre	
	ヴァー サヴォワーる ヴァー コンプらーンドゥる	

Quoi	D'notre amour feu n'resterait	que des cendres
コワー	ノトゥるアムるフ ヌれストゥれ	クーー デサーンドゥる
Moi	J'aimerais qu'la terre s'arrête	pour descendre
モワー	ジェムれクラテーる サれトゥ	プーーる デサーンドゥる
Toi	Tu me dis qu'tu n'vaux pas la corde pour te pendre	
トワー	ティムディクティュ ヴォパラコるドゥ プーるトゥパーンドゥる	
	C't à laisser ou à prendre	
	スターレセー ウー ア プらーンドゥる	

2)

| 何 | 私たちの亡くした愛の炎から残るのは | 灰だけなの |
| 私 | 私は願いたい　この世が止まってくれたらと | 降りる（いなくなる）ために |

あなた　あなたは　死んでしまった方がましと思ってる　(現状に) 屈服して生きるより
préférer の方を好む　préférer A (plutôt) que (de) B : B するより A する方がいい
mourir 死ぬ　se rendre 行く，従う、降伏する、屈服する、になる

いったい　どうゆうことなの　わからない（教えて　わからせて）
aller ~ しようとする、さあ（va 命令法二単）　donc だから、さあ、いったい（強調）
savoir 知る、わかる　comprendre 理解する
Va (allez) savoir ! なんだかわからない、判断がつかない
Va comprehensible (=C'est inconpréhensible) 理解できない

恋　つらく　決闘のよう　背中合わせの　容赦のない
あなたは　選ぶ　武器を取るか　それとも　涙かを
よく考えてそれを　よく考えてそれを　で　わかってほしい　それは生涯のこと

3)　（楽器演奏）

あなた	あなたは死んでしまった方がましと思ってる	(現状に) 屈服して生きるより
	いったい　とうゆうことなの　わからない	(教えて　わからせて)
何	私たちの亡くした愛の炎から残るのは	灰だけなの
私	私は願いたい　この世が止まってくれたらと	降りる（いなくなる）ために
あなた	あなたは私に言う　僕は値しない	自分が首を吊るロープにさえと
	それ　やめるの　それとも手にするの	

"QUOI" Words by Serge Gainsbourg/Cesare de Natale

Music by Guido de Angelis/Maurizio de Angelis

© by CABUM EDIZIONI MUSICALI S R L

Rights for Japan assigned to Watanabe Music Publishing Co., Ltd.

© Copyright by EDITION ROMA All Rights Reserved. International Copyright Secured.

Print rights for Japan controlled by Shinko Music Entertainment Co., Ltd.

32.　　**Et moi**　　エ モ ワ（そして私は）　　**Edith Piaf**

Je ne savais pas prier
ジューヌサヴェパ　プリエー

Je n'avais pas la manière
ジュナヴェパ　ラ　マニエーる

Si quelquefois, je l'ai fait
スィ ケルクフォアー ジューレ フェー

C'était lorsque j'avais faim
セーテ　ローるスク ジャヴェファーン

Maintenant, chaque matin
マントゥナン　　シャクマターン

Je fais la même prière
ジュフェ ラメーム プリエーる

Donnez-moi aujourd'hui
ドネモワー　オージュるドゥイー

Son amour quotidien
ソーナムーる コーティディエーーン

Les arbres ne peuvent pas vivre sans la pluie
レザーるブる　ヌプーヴパ　ヴィーヴる　サン ラ プリュイー

Les fleurs ne peuvent pas éclore dans la nuit
レフルーる ヌプーヴパ ゼクローる　ダン ラ ニュイー

Sans eau, les poissons d'or ne respireraient plus
サン ゾー レポワソン ドーる ヌ れースピるれ プリュー

Et moi... sans toi je suis perdue...
エーモワー サントワ ジュスュイ ペーるディュー

Sans brise, le voilier ne pourrait avancer
サン ブリーズ ルーヴォワリエ ヌプーれー タヴァンセー

Sans la musique, personne n' pourrait plus danser
サン ラ ミュズィーク ペーるソーンヌ プーれ プリュ ダンセー

Sans le soleil, les oiseaux ne chanteraient plus
サーン ルソレーユ レゾワゾー ヌーシャーントゥれ プリュ

Et moi... sans toi je suis perdue...
エーモワー サントワ ジュスュイ ペーるディュー

私はお祈りすることができなかった　　　　私はその仕方を知らなかった
savoir 知っている、（学習・訓練で）知っている、体得している、することができる
(savais 半過去一単) prier 祈る、お願いする、頼む　avoir 持つ、所有する、ある
(avais 半過去一単)　manière :f 仕方、やり方、方法、手法、態度
たとえ　何回か　私がそれをしたとしても　それは私が飢えてた時だった
si たとえ、もし　quelquefois 時々、時には　faire 作る、行う、する（fait 過去分詞、
fais 一単現）C'était= Ce + était　ce これ、あれ、それ　être 〜です（était 半過去三単）
lorsque の時に、なのに faim :f 空腹、飢え、飢餓、飢饉、渇望 avoir faim おなかがすいた
でも今は　毎朝　　　　　　　　　　　　　私は同じお祈りをしている
maintenant 今、さて chaque 各々の、それぞれの、各、毎に　même 同じ、まさにその、
自身　prière :f 祈り、祈祷、懇願、頼み
お与えください　私に　今日も　　　　　あの人のいつもの愛を　と
donner 与える、贈る、払う、渡す（donnez 命令法二複）　aujourd'hui 今日、本日、現在
amour :m 愛、愛情、恋　quotidien, ne 毎日の、日々の、日常の、平凡な、単調な
木々は　生きられない　　　　　　　　雨なしには
arbre :m 木、樹木、系統図 pouvoir できる、してもよい、かもしれない (peuvent 三複現、
pourrait 条件法三単) vivre 生きる、暮らす、生活する sans 〜なしに、のない、がなければ、
せずに　pluie :f 雨、雨降り
花は咲けない　　　　　　　　　　闇夜には
fleur :f 花、花飾り、花形　éclore (雛・卵が)かえる、孵化する、(蕾・花が)開く、開花する
nuit :f 夜、夜間、宿泊、闇
水なしでは　　　　　　　　　　　　　　金魚はもう息ができなくなってしまう
eau (pl. x) :f 水、海、雨、化粧水 poisson :m 魚、魚肉　or :m 金、黄金、金貨、富、金色
(通例金魚は poisson rouge) ne〜plus もう〜ない respirer 呼吸する、息をする、ほっとする
(respireraient 条件法三複)
そして私は　　あなたがいないと　　どうしようもなくなってしまう
moi 私 toi あなた、君　perdu, e 失われた、迷った、駄目になった、混乱した
風なしには　　　　　　　　　　帆船は進めない
brise :f そよ風、微風 voilier :m ヨット、帆船、飛鳥　avancer 前進する、進む、突き出る
音楽なしには　　　　　　　　　　だれも　もう　踊れない
musique :f 音楽、楽曲、メロディー、楽譜 personne 誰も、誰か danser 踊る、ダンスをする
お日さまがなかったら　　　　　　　鳥たちも　もう　さえずらない
soleil :m 太陽、日、日光、日差し、日なた　oiseau (pl. x) :m 鳥　chanter 歌う
(chanteraient 条件法三複)

そして私は　あなたがいないと　どうしようもなくなってしまう

Je n'ai ni foi ni loi
ジュネーニフォワ ニロワー

Quand tu es loin de moi
カーン ティュエ ロワーンドゥモワー

Tout est sombre et sans joie
トゥテー ソンブるエ サンジョワー

...Sans toi...
サーントワー

Sans toi, tout semble amer
サントワ トゥサンブルアメーる

La terre est un enfer
ラテーるエ タンナンフェーーる

Tu m'es plus nécessaire que l'air
ティュ メ ブリュ ネセセーる ク レーーる

Les blés, pour se dorer, ont besoin de lumière
レブレ ブーるスドれー オン ブゾワーン ドゥ リュミエーる

Dieu, pour être adoré, a besoin de mystères.
ディユー ブーるエートゥるアドれ アブゾワーン ドゥミステーる

Le cœur des hommes, sans amour, ne battrait plus
ルクーる デゾーム サンザムーる ヌバトゥれ ブリュー

Et moi... sans toi je suis perdue...
エーモワー サントワー ジュスュイ ペーるディユー

Le cœur des hommes, sans amour, ne battrait plus

Et moi... sans toi, je suis perdue...
ペーーるディユーー

ET MOI

Words by Michel Emer   Music by Michel Emer

© 1953 CHAPPELL S.A., PARIS All rights reserved. Used by permission.

Print rights for Japan administered by Yamaha Music Entertainment Holdings, Inc.

私には　信じるものも　掟もなくなってしまう　あなたが遠くに行ってしまうと　私から
ne ~ni~ ni　~も~も~ない　foi :f 信仰、信念、信頼、誓い　loi :f 法、法律、法則、規則、掟
quand する時に、すると、したら、ならば　　loin 遠くに、離れて、はるかに、隔てて

全てが暗闇　　喜びもない　　　　　　あなたがいないと
tout :m すべて、全部、何でも　sombre 暗い、薄暗い、暗い、黒っぽい、地味な色の、陰鬱な
joie :f 喜び、嬉しさ、陽気さ、楽しみ

あなたがいないと　すべてが辛く思え　　この世は地獄
sembler のように思える、らしく見える、のようだ　amer, ère 苦い、つらい、ひどい、厳しい
terre :f 地球、世界、陸、土地、土、この世　enfer :m 地獄、修羅場

あなたは私にとって　なくてはならないもの　空気よりも
plus~que~　よりももっと　nécessair 必要な、なくてはならない　air :m 空気,風,航空,歌,様子

麦が　黄金色に輝くには　　　　　　　　陽の光がなくては
blé :m 小麦、穀物　se adirer 金色になる、肌を小麦色に焼く　besoin :m 必要、欲求、需要
avoir besoin de　が必要だ (ont : avoir の三複現、a :avoir の三単現)
lumière :f 光、日光、明かり、照明

神様が　崇められるには　　　　　　　　神秘の業 (わざ) がなくては
dieu :m 神、崇拝の対象 adorer 大好きである、熱愛する、崇拝する（adoré 過去分詞）
(être+過去分詞で受動態を形成)　mystère :m 神秘、謎、不可解なこと、隠し事、秘密

人の心は　愛がなかったら　もうときめかなくなってしまう
cœur :m 心、心臓、胸、気持ち、愛情　homme :m 人間、人、人類、男、男性
battre 殴る、打つ、叩く、破る、鼓動する、鳴る、戦う (battrait 条件法三単)

そして私は　　　あなたがいないと　　　どうしようもない

33. **La Seine** ラ セーヌ du film « Un monstre à Paris»

Vanessa Paradis & -M-

Elle sort de son lit, tellement sûre d'elle
エルソーる ドゥソンリー テルマン スューるデール
La Seine, la Seine, la Seine.
ラセーヌ ラセーヌ ラセーヌ

Tellement jolie elle m'ensorcelle
テルマン ジョリー エルマンソるセール
La Seine, la Seine, la Seine.
ラセーヌ ラセーヌ ラセーヌ

Extralucide, la lune est sur
エクストゥらリュスィードゥ ラリュヌ エスューる
La Seine, la Seine, la Seine
ラセーヌ ラセーヌ ラセーヌ

Tu n'es pas saoul, Paris est sous
ティュ ネパ スー パり エ スー
La Seine, la Seine, la Seine
ラセーヌ ラセーヌ ラセーヌ

Je ne sais, ne sais, ne sais pas pourquoi
ジュヌセ ヌセ ヌセパー プるコワ
On s'aime comme ça, La Seine et moi
オンセム コムサー ラセーヌ エモワ

Je ne sais, ne sais, ne sais pas pourquoi
On s'aime comme ça, La Seine et moi.

Extra Lucille, quand tu es sur
エクストら リュスィール カン ティュ エ スューる
La scène, la scène, la scène
ラセーヌ ラセーヌ ラセーヌ

Extravagante, quand l'ange est sur
イクストらヴァガーントゥ カンランジュ エ スュる
La scène, la scène, la scène
ラセーヌ ラセーヌ ラセーヌ

Je ne sais, ne sais, ne sais pas pourquoi
ジュヌセ ヌセー ヌセパー プるコワ
On s'aime comme ça, La Seine et moi
オンセム コムサー ラセーヌ エモワ

Je ne sais, ne sais, ne sais pas pourquoi
On s'aime comme ça, La Seine et moi.

Sur le Pont des Arts, mon cœur vacille.Entre les eaux, (que)l'air est si bon
スュる ポンデザーる モンクーる ヴァスィール アントゥるレゾー (ク)レーるエスィボン

Cet air si pur, je le respire
セテーる スィ ピューる ジュルれスピーる
Nos reflets perchés sur ce pont.
ノるフレ ぺるシェ スュるスポーン

＊Tuletuletu – Tuletuletu
ティュル ティュール ティュ ティュル ティュール ティュ

On s'aime comme ça, la Seine et moi. ＊ （x 4）
オンセーム コムサー ラセーヌ エモワ

"LA SEINE" Words and Music by Matthieu Chedid Arranged by Maxime Garoute/Jerome Goldet

© by LABO M EDITIONS Rights for Japan assigned to Watanabe Music Publishing Co., Ltd. 映画「パリの怪人」より

セーヌ川が川床からあふれてる、こんなに自信に満ちて　ラセーヌ、ラセーヌ、ラセーヌ
sortir 出る（sort 三単現）　lit :m ベッド、寝床、川床　sortir de son lit（河川が）あふれる、
氾濫する　tellement とても、それほど　sûr, e 確信している　être sûr de soi 自信がある

こんなにも　きれいな　セーヌ川は　私を魔法にかける　　ラセーヌ、ラセーヌ、ラセーヌ
joli, e きれいな、かわいい　ensorceler 魔法にかける、を魅惑する、惑わす

不思議な力をもった月は（セーヌの）上に　　　　　　ラセーヌ、ラセーヌ、ラセーヌ
extralucide 超能力がある　lune :f 月　sur の上に　Seine :f セーヌ川、セーヌ県

あなたは酔っぱらったわけでもないのに　　パリは　セーヌの流れの中に　ラセーヌ(x3)
saoul, e [su, sul]（古風単語）＝soûl, e [su, sul] 酔った　、堪能した　sous [su] の下に、の中に
(Paris est sous la Seine：セーヌ川の洪水の史実に基づく表現)
私にはわからない、なぜだかわからない　　　こんなふうに愛し合っている　セーヌと私
ne~pas しない savoir 知る、わかる（sais 一単現）　　pourquoi なぜ、どうして
comme ça そのように

すばらしいリュスィル　あなたが舞台にたつと　　　　舞台に　　舞台に
extra すばらしい、最高の、とびきりの、エキストラ　Lucille（女性の名前：歌手の役、
語源：光）（参考　extralucide（透視・予知などの）超能力のある :f 女性超能力者）
scène [sɛn] :f 舞台、演劇、場面（Seine と同音）
とんでもない（リュスィル）　この天使が舞台にたつと　舞台に　　舞台に
extravagant, e 常軌を逸した、ばかげた、途方もない　ange :m 天使、天使のような人

私にはわからない、どうしてかわからない　こんなふうに愛し合っている　セーヌと私
ポンデザールの橋の上で　私の心は揺れ動く　川の間で（なんて）風はとても心地よい
Pont des Arts ポンデザール（芸術橋：パリの橋の一つ）　pont :m 橋、仲立ち、甲板、連休
art :m 芸術、美術、技術、巧みさ、学芸　cœur :m 心、気持ち
vaciller ぐらぐらする、ふらふらする、揺らめく、ためらう entre の間に、の中に
eau (pl. x) :f 水、河、海、雨　air :m 空気、風、雰囲気　si bon とても良い

このとても澄んだ空気を　私は吸い込む　　私達の姿はたたずむ　この橋の上に
pur, e 純粋な、澄んだ、まったくの、端正な　respire 呼吸する、ほっとする、息抜きする
reflet :m 反射光、姿、影、象、反映 perché（高い所に）とまった、のぼった、ある、かん高い
ティュル　ティュール　ティュ　　　　　ティュル　ティュール　ティュ
こんなふうに愛し合う　セーヌと私　　　こんなふうに愛し合う　セーヌと私

34.　Ô toi! La vie　おお我が人生

Charles Aznavour

Ô toi! la vie
オ トワ ラヴィー

Que je porte en souffrant
クジュ ぽるトゥアン スフらーン

Comme on porte un enfant
コムオン ぽるトゥ アンナンファーン

Donne-moi l'amour et l'argent
ドヌモワ ラムーる エ るジャーン

Ma vie
マヴィー

Aux voies impénétrables
オ ヴォア ザンペネトゥらーブルー

Fais que de grain de sable Je devienne géant
フェ クドゥグらン ドゥサーブルー ジュドゥヴィエンヌ ジェアーン

Ô toi! la vie
オ トワ ラヴィー

Dont je ne connais rien
ドーン ジュヌ コネー りアーン

Qui fuit entre mes mains
キ フュィ アントゥる メマーン

J'appréhende tes lendemains
ジャプれアーンドゥ テー ラーンドゥマーン

Ma vie
マヴィー

J'ai peur que ta jeunesse
ジェ プーる クタ ジュネースー

Un matin disparaisse
アン マタン ディスパれースー

Me laissant sur ma faim
ムレサン スュる マファーン

おお、人生よ　　　　　　　　　　　あなたを私は背負っている　苦しみながら
ô おお、ああ（間投詞）　　toi 君、おまえ、あなた　vie :f 人生、生活、暮らし
porter 持つ、抱える、運ぶ　souffrir 苦しむ、苦労する（souffrant 現在分詞）

人々が子供を抱えるように　　　　　　与えておくれ 私に　愛と富とを
comme のように enfant 子供、息子、出身（男女同形）
donner 与える、渡す（命令法二単）　amour :m 愛、恋　　　argent :m お金、財産、銀

私の人生よ　　　　　　　　　　　　どうにもならない歩みに
voie :f 交通路、道路、道、進路、手段　impénétrable 入り込めない、通さない、不可解な

砂の粒ほど小さい私を　　　　　　　　大いなるものにしておくれ
faire 作る、する、引き起こす、させる (fais 命令法二単)
faire que+接続法：～となるようにする devenir になる（devienne 接続法一単）
de ～から、～の　grain :m 粒、穀物、微量　sable :m 砂、砂原 géant, e 巨人、巨匠、大物

おお、人生よ　　　　　　　　　　あなたのことを私は何もわかっていない
dont 前置詞 de を含む関係代名詞　connaître 知る、経験する（connais 一単現）
ne～rien 何も～ない

あなたは両手からすり抜けてしまい　　　私は憂う 明日からの暮らしを
fuir 逃げる、漏れる、過ぎ去る（fuit 三単現）　entre あいだの、同士で　main :f 手、手腕
appréhender 心配する、懸念する、恐れる、逮捕する、把握する lendemain :m 明日、将来

私の人生　　　　　　　　　　　私は恐れる　　その若さが
peur :f 恐れ、恐怖、不安、心配　avoir 持つ（ai 一単現）　avoir peur que+接続法：～ するの
ではないかと心配する、恐れる　jeunesse :f 若さ、青春、未熟さ

ある朝　消えてしまうのでないか　　　　私を飢えたままにして　と
matin :m 朝、午前、初期　disparaître 見えなくなる、なくなる、消える　（disparaisse
接続法三単）laisser 残す、離れる、そのままにしておく（laissant 現在分詞）
faim [fɛ̃ ファン] :f 空腹、飢え、飢饉、渇望

Tu sais la vie
ティュ セーラヴィー

Je ne t'ai pas cherchée
ジュヌテパ シェるシェー

C'est toi qui t'es donnée
セ トワ キテドネー

Comme une fille en mal d'aimer
コムユヌフィーユ アン マールデーメー

Je peux depuis
ジュプ ドゥプュイー

Me vautrer dans tes bras
ムヴォトゥれ ダンテブらー

Faire un feu de tes joies
フェーるアンフ ドゥテジョワーー

Et l'amour avec toi
エラムーる アヴェク トワーー

La vie
ラ ヴィー

Pour te serrer très fort
プーるトゥセれー トゥれフォーる

Et réchauffer mon corps
エーれショフェーモンコーる

Et te garder longtemps encore
エトゥガるデ ロンタン ザンコーる

Je suis
ジュスュイー

Un enfant de la terre
アンナンファン ドゥラテーるー

Un passant solitaire
アーンパサン ソリテーーる

Aux mains tendues vers toi
オマン タンディュ ヴェる トワーー

Ne m'abandonne pas
ヌ マバンドヌ パーー

Tu sais, je crois en toi
ティュセ ジュクろワ ザントワー

En toi
アントワー

La vie
ラヴィーー

La vie
ラヴィーーー

146

そうさ　人生よ　　　　　　　　　　　私はあなたを探していなかったのに
savoir 知る、覚えている、わかる(sais 二単現)　tu sais ; vou savez ねえ、~でしょう
(相手の注意を引いたり念を押すために使われる)
chercher 探す、求める、迎えに/取りに行く

あなたの方からその身を捧げた　　　　　愛を求めようとする少女のように
se donner 身を捧げる、与えられる、身を任せる　comme のように
fille :f 娘、少女、女性　en mal de 欠乏で苦しんでいる、を求めて

すると　私はできるようになった　　　　我が身をあなたの腕の中に投げ出し
pouvoir できる（一単現）　depuis それ以来、その後　se vautrer 転げ回る、寝転がる、
~にふける、転ぶ、失敗する　bras :m 腕

喜びと愛の火をともすことが　　　　　　あなたとともに
faire 作る、生じさせる feu (x) :m 火、火事、情熱、灯火、信号　joie :f 喜び、楽しみ

人生よ　　　　　　　　　　　　　　　　あなたをとても強く抱きしめ
pour ~に、のために serrer 握る，抱き締める　très 非常に、とても　fort 強く、激しく

私の体を温め　　　　　　　　　　　　　あなたをずっと長く見守れるように
réchauffer 温め直す、温める、奮い立たせる、再び掻き立てる　corps :m 体、物体、団体
garder 世話する、保存する、保つ、守る longtemps 長い間 encore まだ、また、ずっと

私は　　　　　　　　　　　　　　　　　大地の子
terre :f 地面、大地、陸、土、地球

孤独な旅人　　　　　　　　　　　　　　両手をあなたに差し伸べている
passant, e 通行人、通りがかりの人　solitaire 孤独な、単独の、人けのない
main :f 手　tendu, e 張った、緊張した、差し伸べた

私を見放さないで　　　　　　　　　　　そう　私はあなたを信じてる
abandonner 捨てる、断念する、ゆだねる（abandonne 命令法二単）
croire 信じる、思う、信頼する（crois 一単現）

あなたを　　　　　　　　　　　　　　人生よ　　　　　人生よ

147

35. L'amour est un oiseau rebelle (Habanera)

恋は野の鳥 (ハバネラ)

Maria Callas, Nana Mouskouri, Nolwenn Leroy, Elina Garanca, Carmen Monarcha 他

1)

L'amour est un oiseau rebelle　　**Que nul ne peut apprivoiser**
ラームーる エタン ノワゾー るベール　　ク ニル ヌプーターブリーヴォワゼー

Et c'est bien en vain qu'on l'appelle　　**S'il lui convient de refuser**
エー セビヤン アンヴァン コンラーペール　　スィル リュイ コンヴィヤーンドゥるフュゼー

Rien n'y fait, menaces ou prières　　**L'un parle bien, l'autre se tait :**
りヤーン ニフェ ムナース ウ プリエーる　　ラン バーるル ビヤーン ロートゥる ステー

Et c'est l'autre que je préfère　　**Il n'a rien dit mais il me plaît**
エー セ ロートゥる ク ジュプれフェーる　　イルナ りヤン ディー メー イル ム プレー

L'amour !　　L'amour !　　**L'amour !　　L'amour !**
ラームーる　　ラームーる　　ラームーる　　ラームーる

L'amour est enfant de bohême　　**Il n'a jamais, jamais connu de loi**
ラムーる エターン ファン ドゥボエーム　　イルナ ジャメ ジャメコニュードゥーロワ

Si tu ne m'aimes pas, je t'aime　　**Si je t'aime, prends garde à toi !**
スィ ティュ ヌメームパ ジュテーム　　スィジュテーム プらン ガーるドゥア トワー

Si tu ne m'aimes pas　　**Si tu ne m'aimes pas, je t'aime !**
スィ ティュ ヌメームパ　　スィ ティュ ヌメームパー ジュテーム

Mais, si je t'aime　　Si je t'aime,　　**prends garde à toi !**
メ スィ ジュテーム スィ ジュテーム　　プらーン ガーるドゥア トワー

（末尾の4行または2行は繰り返し歌唱、但し、省略される場合あり）

148

1) 恋は気ままな鳥　　　　　　　　　　それを誰も手なずけることはできない
amour m : 愛、愛情、好み、恋 oiseau (pl. x) :m 鳥　rebelle 反逆の、反抗的な、従わない、扱いにくい、御しがたい nul ne いかなる人も(何も) ~ない pouvoir できる（peut 三単現）apprivoiser 飼いならす、手なずける

そうまさにむなしいもの　それを人が求めても　恋にとって拒むのがふさわしい場合には
bien よく、確かに、まさしく　en vain 無駄に、むなしく、~しても駄目
appeler 呼ぶ、呼び寄せる、求める、要求する lui 彼に、彼女に、それに（lui, leur は一般に人を受けるが、混同のない文脈では物を受けることもある）
convenir ふさわしい、取り決める（convient 三単現）　refuser 断る、拒む

どうにもならない　脅しも　祈りも　　　　　一方は饒舌に　もう一方は寡黙に
rien n'y fait 何をしても無駄　rien (ne とともに) 何も~ない　n'y=ne+y　y それに、そこに
faire 作る、行う、する　(fait 三単現)　y faire 手段を講じる、手を打つ
il n'y a (plus) rien à faire　（もはや）手の下しようがない、どうしようもない
menace :f 脅し、脅迫、恐れ　prière :f 祈り、願い、頼み parler 話す　autre ほかの、別の、もう一方の　se taire 黙る、口を閉ざす、静まる、隠す（tait 三単現）

そして　もう一方 (の寡黙) を私は好む　　(それは) 何も言わぬが　私のお気に入り
préférer より好む、の方を選ぶ　　　　　dire 言う（dit 過去分詞）
plaire 気に入る、好かれる、喜ばれる（plaît 三単現）
恋　　　　　　　　恋　　　　　　　　　　　　恋　　　　　　　恋
恋は　自由奔放な子ども　　　　　　　　　　恋には　掟など全く無いってこと
bohême :f ボヘミア(チェコ西部)、ボヘミアン、自由奔放な、気ままな jamais 決して~ない
connaître 知る、経験する、持つ、有する（connu 過去分詞）loi :f 法、法律、法則、規則、定め、掟（おきて）　aimer 愛する、好む、好く

あなたが私を好きじゃなくても　　　　　　　私はあなたが好き
si もし (仮定)、ではあるが (対立)、たとえ~でも (譲歩)、だから、こんなに

私はあなたが好きだから　　　　　　　用心しなさい　あなた
prendre garde 注意する、用心する prendre 取る、つかむ、持って行く、身に着ける、買う
(prends 命令法二単)　garde :f 管理、保管、保護、世話、監視、警戒、見張り、当直

あなたが私を好きじゃなくても　　あなたが私を好きじゃなくても　私はあなたが好き
そう、私はあなたが好きだから　私はあなたが好きだから　用心しなさい　あなた

2)

L'oiseau que tu croyais surprendre　　Battit de l'aile et s'envola ...
ロワーゾ　クティュ　クろワィエ　スュるプらーンドゥる　バティ　ドゥレール　エ　サンヴォラ

L'amour est loin, tu peux l'attendre　　Tu ne l'attends plus, il est là !
ラーハーる　エ　ロワン　ティュプーラタンドゥる　　ティュヌ　ラターンプリュ　イレ　ラー

Tout autour de toi, vite, vite　　Il vient, s'en va, puis il revient
トゥットゥーる　ドゥトワ　ヴィトゥヴィトゥ　イルヴィアンサンヴァ　ピュイイルるヴィアン

Tu crois le tenir, il t'évite　　Tu crois l'éviter, il te tient
ティュークろワルトゥニーるイルテヴィートゥ　ティュクろワレヴィテイルトゥティヤーン

L'amour !　　L'amour !　　　　L'amour !　　　L'amour !
ラーハーる　　ラーハーる　　　ラーハーる　　　ラーハーる

L'amour est enfant de Bohême　　Il n'a jamais, jamais connu de loi

Si tu ne m'aimes pas, je t'aime　　Si je t'aime, prends garde à toi !

Si tu ne m'aimes pas　　Si tu ne m'aimes pas, je t'aime !

Mais, si je t'aime　Si je t'aime,　　prends garde à toi !

（後半の４行または２行は繰り返し歌唱、但し、省略される場合あり）

Paroles de Henri Meilhac et Ludovic Halévy
Musique de Georges Bizet

150

2）不意に訪れたとあなたが思ったその鳥は 　　　　羽根を羽ばたかせ 飛び去った

croire 思う、信じる(croyais 半過去二単) surprendre 驚かせる、不意に襲う/訪れる、見破る

battre 殴る、打つ、たたく、刻む、はばたく(battit 単純過去三単) aile :f 翼、羽

s'envoler 飛び立つ、飛び去る（s'envola 単純過去三単）

恋は遠くに 　あなたは待つことができる 　　　　あなたもう待たない 　そこにあるから

loin 遠くに、離れて attendre 待つ、期待する,予想する（attends 二単現）

ne~plus もう~ない là そこ、あそこ

あなたのすぐ近くに 　急いで 　すぐに 　恋はやって来ては 　立ち去り 　また 　戻って来る

tout すべて、まったく autour まわりに、めぐって、あたりに vite 速く、急いで、すぐに

venir 来る、行く（vient 三単現） s'en aller 立ち去る、帰る、行く、消え去る (va 三単現)

puis それから revenir 戻る (revient 三単現)

あなたが引きとめようと思ってもあなたから逃れ 　　　避けようとしてもあなたにとりつく

tenir つかむ、握る、引き止める、保つ（tient 三単現）

éviter 避ける、よける、しないようにする

恋 　　　　　　恋 　　　　　　　　恋 　　　　　　恋

恋は 　自由奔放な子ども 　　　　　　恋には 　掟など全く無いってこと

あなたが私を好きじゃなくても 　　　　私はあなたが好き

私はあなたが好きだから 　　　　　　用心しなさい 　あなた

あなたが私を好きじゃなくても 　　あなたが私を好きじゃなくても 　私はあなたが好き

そう、私はあなたが好きだから 　　私はあなたが好きだから 用心しなさい 　あなた

参考1 habenera [abanera] ハバネラ（19 世紀 キューバのハバナに興った舞曲の一形式、
　　　その後スペインに流入 (西語、仏語の発音は「アバネら」)

参考2 ビゼーはスペインの作曲家セバスティアン・イラディエル Sebastián Yradier の
　　　ハバネラ "El Arreglito" を転用し「恋は野の鳥」を作曲
　　　（El Arreglito もユーチューブでの視聴可能）

36.　A quoi ça sert l'amour　恋は何のために

Edith Piaf et Théo Sarapo

1)

A quoi ça sert l'amour ?
アコワー　サセーる　ラムーる

On raconte toujours
オーン　らコーントゥ　トゥジューる

Des histoires insensées.
デー　ズィストワーる　ザーンサンセー

A quoi ça sert d'aimer ?
アコワー　サセーる　デメー

L'amour ne s'explique pas !
ラムーる　ヌ　セクスプリクパー

C'est une chose comme ça,
セーティュヌ　ショーズ　コムサー

Qui vient on ne sait d'où
キ　ヴィヤーン　オーン　ヌセ　ドゥー

Et vous prend tout à coup.
エーヴブらーン　トゥー　ターク　クー

2)

Moi, j'ai entendu dire
モワージェアンタンディュ　ディーる

Que l'amour fait souffrir,
ク　ラムーる　フェ　スフりーる

Que l'amour fait pleurer.
ク　ラムーる　フェ　プルれー

A quoi ça sert d'aimer ?
アコワー　サセーる　デメー

L'amour ça sert à quoi ?
ラムーる　サセーる　アコワー

A nous* donner d' la joie
アーヌドネ　ドゥら　ジョワー

Avec des larmes aux yeux...
アーヴェク　デラーるム　オズィユー

C'est triste et merveilleux !
セー　トゥりステー　メーるヴェユー

(*A vous アヴの歌唱例あり)

3)

Pourtant on dit souvent
プーるターン　オン　ディー　スヴァーン

Qu' l'amour est décevant,
ラムーる　エ　デスヴァーン

Qu'il y en a un sur deux
キリ　ヤン　ナ　アン　スュるドゥー

Qui n'est jamais heureux...
キ　ネー　ジャメー　ズーるー

Même quand on l'a perdu,
メーム　カン　トンら　べるディユ

L'amour qu'on a connu
ラムーる　コンナ　コニュー

Vous laisse un goût de miel.
ヴ　レース　アン　グ　ドゥ　ミエール

L'amour c'est éternel !
ラムーる　セ　テーテーるネール

152

1) 何にそれは役立つの　恋は？　　　　　　人は　語ってる　いつも

à+名詞：~に、で、の、へ(場所、時刻、対象、用途、手段、所属等を示す)　quoi 何

ça それ（文頭や文末に遊離された名詞・不定詞・節を指す）(ここでは ça＝l'amour)

servir 食事を出す、勧める、応対する、仕える、~à に役立つ（sert 三単現）amour :m 愛、恋

raconter 語る、話す toujours いつも、すっと、相変わらず

どうしようもない　話を　　　　　　　　何の役に立つの　恋することは？

histoire :f 歴史、物語、話、出来事 insensé, e 無分別な、ばかげた、ものすごい、すばらしい

aimer 愛する、好く、好む（次頁 aimerai 未来一単）

恋は　説明のつかないもの　　　　　　　それは　そのようなもの

s'expliquer 自分の考えを説明する、理解する、説明がつく chose :f 物、こと、事柄、事態

それがやって来るのは　どこからか　だれも知らない　そしてあなたを虜にする　突然に

venir 来る、出身である、原因がある（vient 三単現）　savoir 知っている、方法を心得ている

(sait 三単現) d'où どこから、そこから prendre 取る、つかむ　　tout à coup 突然、不意に、

一気に、一挙に

2) 私は　聞いたことがある　　　　　　　恋は　切ない気持ちにさせる

entendre 聞こえる、耳に入る、理解する（entendu 過去分詞）　dire 言う、話す entendre dire

que ということを聞く faire 作る、させる（fait 三単現）　souffrir 苦しむ、痛い、苦労する、

被害を被る、患う、耐える

恋は　嘆かせると　　　　　　　　　　　何の役に立つの　恋することは？

pleurer 泣く、泣きつく、嘆く

恋が　何の役に立つって？　　　　　（恋は）私達に　喜びを与える（のに役に立つもの）

donner 与える　joie :f 喜び、うれしさ、陽気さ、楽しみ、慰み事

目に涙を浮かべてでも　　　　　　　　それはつらいけど　すばらしいもの！

larme :f 涙、悲しみ　œil [œj ウィユ] (pl. yeux [jø ユー]) :m 目、視線、見方

triste 悲しい、陰気な、寂しい、痛ましい merveilleux, se すばらしい、見事な、不思議な

3) でも　ひとは　よく　言う　　　　　　恋は　失望させると

pourtant それでも、しかし souvent しばしば、概して décevant, e 期待外れの、失望させる

そこで　ふたりの内、一人は　　　　　　決して幸せではないと

un 一つの、一人の sur のうちで、に対して、につき、の上に　deux 二つの、二人の

ne~jamais 決して~ない、一度も~ない　heureux, se 幸せな、幸福な、うれしい

たとえ　ひとはそれを失ったとしても　　恋を経験して

même でさえ、同じ、自身 perdre 失う、なくす、忘れる、無駄にする、負ける（perdu 過去

分詞）connaître 知る、知っている、知り合う、知識がある、経験している（connu 過去分詞）

あなたに残す　蜜の味を　　　　　　　恋は永遠のもの！

laisser 残す、取っておく、やめる、見捨てる、させておく goût :m 味、味覚、嗜好、審美眼

miel [mjɛl ミエル] 蜂蜜、蜜　éternel, le 永遠の、永久の、果てのない、切りのない

153

4)

Tout ça, c'est très joli,
トゥサー　セ　トゥれ　ジョリー

Il ne vous reste rien
イール　ヌヴ　れーストゥ　りヤーン

Mais quand tout est fini,
メ　カーン　トゥテーフィニー

Qu'un immense chagrin...
カン　ニマーンス　シャグらーン

Tout ce qui maintenant
トゥー　ス　キ　マ(ノメ)ーントゥナーン

Demain, sera pour toi
ドゥマーン　スらー　プーる　トワー

Te semble déchirant,
トゥー　サーンブル　デーシらーン

Un souvenir de joie !
アーン　スヴニーる　ドゥー　ジョワー

5)

En somme, si j'ai compris,
アン　ソーム　スィ　ジェ　コンプりー

Sans ses joies, ses chagrins,
サン　セジョワー　セー　シャグらーン

Sans amour dans la vie,
サンザムーる　ダーン　ラヴィー

On a vécu pour rien ?
オーンナー　ヴェキュ　プーるりヤーン

Mais oui ! Regarde-moi !
メー　ウィ　るギャるドゥモワー

Et j'y croirai toujours...
エー　ジ　クろワれーとゥジューる

A chaque fois j'y crois
ア　シャクフォワ　ジ　クろワー

Ça sert à ça, l'amour !
サ　セーる　ア　サーラムーる

6)

Mais toi, t'es le dernier,
メ　トワー　テ　ルデるニエー

Avant toi, 'y avait rien,
アーヴァン　トワー　ヤーヴェ　りヤーン

Mais toi, t'es le premier !
メ　トワー　テ　ルプるミエー

Avec toi je suis bien !
アヴェク　トワー　ジュ　スュイ　ビヤーン

C'est toi que je voulais,
セ　トワー　ク　ジュヴレー

Toi que j'aimerai toujours...
トワー　ク　ジェムれ　とゥジューる

C'est toi qu'il me fallait !
セトワー　キル　ムファレー

Ça sert à ça, l'amour !...
サ　セーる　アサー　ラームーーる

A QUOI CA SERT L'AMOUR　　Musique et Paroles de Michel Emer

4) そんなすべて　それはとても素敵なこと　でも　すべてが終わると

tout すべて très とても、非常に　joli, e きれいな、かわいい、素敵な、かなりの、ひどい

fini, e 終わった、完成した、どうしようもない、有限の

それは　あなたに何も残さない　　　　　　深い悲しみしか

rester とどまる、ままでいる、残す ne~rien 何も~しない　ne~que しか~ない

immense 広大な、膨大な　chagrin :m 悲しみ、悩み、心配

あらゆることが　今は　　　　　　　　　あなたには心が引き裂かれるように思えても

maintenant 今、さて　sembler のように思われる、らしく見える

déchirant, e 胸を引き裂くような、悲痛な

いつか　あなたにとって　　　　　　　すばらしい思い出に！

demain あす、明日、近い将来、まもなく　être ~です（sera 未来三単、suis 一単現 es 二単現、

est 三単現）souvenir :m 思い出、みやげ、形見

5) 結局　私がわかったとしたら　　　　　恋がないなら　人生に

somme :f 金額、総額、合計 en somme 結局、要するに comprendre わかる、理解する、含む

sans なしに、がなければ　vie :f 人生、生活、暮らし、生涯

その喜びも　その悲しみもなく　　　　　生きてるということ　意味もなく？

vivre 生きる、暮らす（vécu 過去分詞）　pour rien 無料で、無駄に、無意味に、わけもなく

まさにそう　私を見て　　　　　　　そのたびに　私はそう信じてる

mais だけど、まさに　regarder 見る、眺める、調べる、考える（regarde 命令法二単）chaque

それぞれの、各、毎、ごとに fois :f 度、回、の時、倍　croire 信じる、思う（crois 一単現

croirai 未来一単）~à/en (価値/人)を信じる、信用する　y それに (à+名詞/不定詞/節に代わる)

そして　私はそう信じるでしょう　ずっと　そのように役に立つの　恋は！

6) でも　あなたは最後の人　　　　　　でも　あなたは　最初の人！

t'es=tu es あなたは~です　dernier, ère 最後の人、もの、びり、最低の人、もの

premier, ère 最初の人、もの、一番の人、もの、前者

あなたの前には　何もなかった　　　　　あなたといると　私は嬉しい！

avant より前に、までに、先に　il y a [ilja イリヤ]（口語で y a [ja ヤ]）がある、がいる

不定詞は y avoir（a 三単現、avait 半過去三単）

bien よい、立派な、適切な、心地よい、気分がいい、きれいな、美しい

あなたこそ私が望んでいたもの　　　　　あなたこそ私に必要だった！

vouloir 欲しい、望む、したい、必要とする（voulais 半過去一単）　falloir 必要である、

しなければならない、であるに違いない、必ず~する（fallait 半過去三単）

あなたを　私は愛してゆきたい　ずっと　そういうことに役に立つの　恋は！

37. Tout, tout pour ma chérie　シェリーに口づけ Michel Polnareff

1)

{Refrain:}　Tout, tout pour ma chérie, ma chérie
トゥ　トゥ　プるマ　シェりー　　マーシェーり
Tout, tout pour ma chérie, ma chérie
Tout, tout pour ma chérie, ma chérie
Tout, tout pour ma chérie, ma chérie

Toi, viens avec moi
トワ ヴィヤンザヴェクモワ

Et pends-toi à mon bras
エ　パン　トワ ア モンブら

Je me sens si seul
ジュー ムサーン スィスール

Sans ta voix, sans ton corps
サーン タヴォア　サントンコーる

Quand tu n'es pas là
カンティュ ネー パラー

Oh oui, viens!
オ　ウィ ヴィヤン

Viens près de moi
ヴィヤン プれドゥモワ

Je ne connais rien de toi
ジュヌコーネー りヤン ドゥトワ

Ni ton nom, ni l'âge que tu as
ニ トンノーン ニラージュ ク ティュア

Et pourtant
エプるタン

tu ne regretteras pas Car je donne
ティュヌ るグれトゥらパ　カるジュドヌ

{Refrain}

1)

すべて、すべてを　僕のいとしい人のために
tout :m すべて、全部、みな　chéri, e いとしい人

君、来て　僕といっしょに　　　　　　　　　そして吊る下がって　僕の腕に
venir 来る（viens 命令法二単）（主語 tu がある場合 viens は直説法現在二単）
se pendre （人が）ぶら下がる、しがみつく、取りすがる、首つり自殺する
(pends 命令法二単)　　bras :m 腕
(命令法は命令、指示の他、勧告、要望、依頼、あるいは、条件、譲歩等を示す)

僕は感じてる　とても孤独を　　　　　　　君の声が(し)ないと　君の姿が(見え)ないと
se sentir 自分が~と感じる　si とても　　seul, e ひとりきりの、孤独な
sans なしに　voix :f 声、意見、票　　corps :m 体、物体、団体

君がそこにいないと　　　　　　　　　　　ああ　そうさ　来て !
quand の時、だから、ならば、なのに、たとえ~でも　là そこ、あそこ

来て　僕の近くに　　　　　　　　　　　僕は何も知らないけど　君について
près de の近く　　connaître 知っている、面識がある、経験する（connais 一単現）
rien 何も、無、ゼロ

君の名前も、君が何歳かも　　　　　　　それでも
ne+ni A, ni B :A も B も~ない　nom [nɔ̃ ノン]:m 名前、姓、名目、名詞　âge :m 年齢、年、
時期　avoir 持つ、所有する、ある　（as 二単現）

君に後悔させはしない　　　　　　　　　だって　僕は捧げる・・・
pourtant それでも、しかし regretter 後悔する、悔やむ、残念に思う（regretteras 未来二単）
car なぜなら、だから　donner 与える、あげる

（繰返し）すべて、すべてを　僕のいとしい人のために

157

2)

Je suis sur un piédestal
ジュ スュイ スュるアン ピエーーデスタル

de cristal
ドゥ クりーーースタール

Et j'ai peur un jour de tomber
エー ジェプーる アンジューーる ドゥートンベ

Sans avoir
サンサヴォワーる

personne à mes côtés
ぺるソヌ　アーメコテ

Mais si tu viens
メ スィ ティュ ヴィヤン

Viens avec moi (viens, viens avec moi)
ヴィヤンザヴェク モワ

Je sais qu'il y aura
ジュ セ キリ オら

Quelqu'un qui marchera près de moi
ケールカン キーマるシュら プれードゥモワ

Qui mettra
キメトゥら

fin à mon désarroi　　　{Refrain}
ファン アモーン デザろワ

(Instrumental)　　{Refrain}

3)

Toi, viens avec moi (viens avec moi)
トワ ヴィヤンザヴェクモワ

J'ai trop besoin de toi
ジェ トゥろーブーゾワーンドゥトワ

J'ai tant d'amour à te donner
ジェ タンダムーる ア トゥードネー

Laisse-moi,
レスモワ

laisse-moi te serrer contre moi　　(Oui)
レスモワー トゥせれ コントゥるモワ　　（ウィ）

viens avec moi　(Oui, viens avec moi)
ヴィヤンザヴェクモワ

Et ne me quitte pas
エ ヌームーキトゥ パー

Je t'attends depuis tant d'années
ジュ タターン ドゥプュイ ターンダネー

Mon amour,
モナムーる

tant d'années à pleurer
タンダネー　　ザブルれー

{Refrain}

2) 僕は台座の上　　　　　　　　　　　　クリスタル製の
　　piédestal :m 台、台座　　cristal :m クリスタルガラス、水晶、透明さ

だから心配なんだ　いつか　落ちちゃうんじゃないかって　　いないと
peur :f 恐れ、恐怖、心配、不安　un jour いつか、ある日　tomber 転ぶ、倒れる、落ちる

誰も　僕のそばに　　　　　　　　　　　　でも君が来てくれたら
personne 誰も（～ない）、誰か　côté :m 側、方向、脇、側面　si もし～なら

来て　僕と一緒に　　　　　　　　　　　僕にはわかるんだ　いるだろうと
savoir わかる、知る（sais 一単現）il y a がある、がいる　不定詞 y avoir（aura 三単未来）

誰か歩んでくれる人が　僕のそばで　　　その人は
quelqu'un 誰か、ある人（女性にも用いる）　marcher 歩く、進む（marchera 未来三単）

終わらせてくれるんだ　僕の迷いを　　（冒頭繰り返し :すべてをいとしい人のために）
mettre fin à を終わらせる、けりをつける（mettra 未来三単）
désarroi :m (精神的な) 動揺、混乱、狼狽

3)　君に　来てほしい　僕と一緒に　　　　　僕には君がとても必要なんだ
　　trop あまりに、～すぎる、非常に、とても　avoir besoin de を必要とする（ai 一単現）

僕にはこんなにも愛があふれてる　君に捧げるため　　　　僕に任せて
tant 多くの、それほど、とても　laisser させる、任せる、残す（laisse 命令法二単）

僕に君を抱きしめさせて　しっかり僕に
serrer 締める、握りしめる、抱きしめる　contre ～に、に対して、を防いで、にくっついて

来て　僕と一緒に　　　　　　　　　　そして僕から離れないで
quitter 去る、離れる、別れる、やめる、脱ぐ（quitte 命令法二単）

僕は君を待っている　何年も　　　　　　僕の恋人
attendre 待つ、予期する（attends 一単現）depuis から、以来、前から　année :f 年、時期

何年も　泣きたくなるほど　　　（冒頭繰り返し :すべてをいとしい人のために）
pleurer 泣く、泣いて頼む、懇願する、悲しむ　à pleurer 泣きなくなるほど、非常に

38. Mon Dieu　モン ディユ　私の神様　**Edith Piaf**

1)

Mon Dieu !　　　**Mon Dieu !**　　　**Mon Dieu !**
モーン ディユー　　モーン ディユー　　モーン ディユー

Laissez-le-moi　　**Encore un peu,**　　**Mon amoureux !**
レセルモワー　　　アンコるアンプー　　モ*ナムるー
　　　　　　　　　　　　　　　　　　（*モンの場合あり）
Un jour,　　　　　**deux jours,**　　　　**huit jours...**
アーン ジューる　　ドゥー ジューる　　ユイー ジューる

Laissez-le-moi　　**Encore un peu**　　**à moi...**
レセルモワー　　　アンコるアンプー　　ア モワー

Le temps de s'adorer,　　　　　　　**De se le dire,**
ルターン ドゥ サドれー　　　　　　　ドゥ ス ル ディーる

Le temps de s'fabriquer　　　　　　**Des souvenirs.**
ルターン ドゥ スファブりケー　　　　デ スヴニーる

Mon Dieu !　　　　**Ah* oui...mon Dieu !**
モーン ディユー　　アー ウィー モーン ディユー
　　　　　　　　　　（*Oh の場合あり）
Laissez-le-moi　　**Remplir un peu**　　**Ma vie...**
レセルモワー　　　らンプりる アンプー　　マーヴィー

MON DIEU

Words by Michel Vaucaire　Music by Charles Dumont

© 1960 by LES NOUVELLES EDITIONS MERIDIAN　International copyright secured. All rights reserved.

Rights for Japan administered by PEERMUSIC K.K.

1)

私の神様　　　　　　　　　　　　　　私の神様　　　　　　　私の神様

mon 私の（所有形容詞男性形単数）Dieu (pl.x) :m [djø] 神、崇拝の対象（déesse :f 女神）

残してください　あの人を　私に　　　　もう　少しだけ　　　　私の愛する人を

lasser 残す、放っておく、やめる、与える、させる（laissez 命令法二複）le 彼を、それを

moi 私（に、を）　encore まだ、なお、また、再び、もっと、さらに、ただ、とはいえ

peu 少し、多少、少ししか　amoureux, se 恋人、恋をしている人

一日でも　　　　　　　　　　　　　　二日でも　　　　　1週間でも

un ひとつの、一人の jour :m 日、1日、曜日 deux 二つの、二人の huit 八つの、八人の

huit jours 1 週間（数えはじめの当日も含む）

お与えください　あの人を　私に　　　　まだ　少しだけ　　　　私に

à　~に、~で、~へ、~から.~によって、~用の

愛し合い　　　　　　　　　　　　それを語り合う時を

temps :m 時間、時、時期　s'adorer 熱愛し合う、自分を愛す　se dire 思う、言い交す

le それを、そのことを（不定詞・節・属詞形容詞・名詞の代用）

ここでは De se le dire = (Le temps) de se dire que l'on s'adore

私達の想い出を　　　　　　　　紡ぎ合う時を

se fabriquer 製造される、自身に作る　souvenir :m 思い出、みやげ、記念品、形見、記憶

私の神様　　　　　　　　　　　ああ　そう　私の神様

oui はい、ええ、肯定、承諾、賛成

お与えください　あの人を　私に　　　少しでも　満たすために　　　私の人生を

remplir 満たす、いっぱいにする、記入する、果たす

2)

Mon Dieu !	**Mon Dieu !**	**Mon Dieu !**
モン ディユー	モン ディユー	モン ディユー

Laissez-le-moi	**Encore un peu,**	**Mon amoureux.**
レセレモワー	アンコる アンプー	モ*ナムるー
		(*モンの場合あり)

Six mois,	**trois mois,**	**deux mois...**
スィ モワー	トゥろワー モワー	ドゥー モワー

Laissez-le-moi	**pour * seulement**	**Un mois...**
レセレモワー	ぷる スルマーン	アンモワー

(*ou あるいは oh の場合あり)

Le temps de commencer　　　　　　**Ou de finir,**
ルターン ドゥ コマンセー　　　　　　ウ ドゥ フィニーる

Le temps d'illuminer　　　　　　**Ou de souffrir,**
ルターン ディリユーミネー　　　　　　ウ ドゥ スフリーる

Mon Dieu !	**Mon Dieu !**	**Mon Dieu !**
モーン ディユー	モーン ディユー	モーン ディユー

Même si j'ai tort,	**Laissez-le-moi**	**Un peu...**
メーム スィ ジェトーる	レセ ルモワー	アンプーー

Même si j'ai tort,	**Laissez-le-moi**	**Encore...**
メーム スィ ジェトーる	レセ ルモワーー	アンコーーーる

162

2)

私の神様　　　　　　　　私の神様　　　　　　　　私の神様

あの人を残してください　私に　　もう　少しだけ　　　　　私の愛する人を

半年でも　　　　　　　　　三月 (みつき) でも　　　二月 (ふたつき) でも
six 六つの、六人の　mois :m 月、1か月、月給、月の支払い　trois 三つの、三人の

お与えください　あの人を　私に　　　　ただ　　　　　　ひと月の間だけでも
pour に向かって、のための、の間、にとって　seulement だけ、ただ、もっぱら、やっと

始まりにして　　　　　　　　終わりの時を
commencer 始める　ou または、あるいは、すなわち、であろうと、さもないと
finir 終える、やめる

輝きにして　　　　　　　　苦しみの時を
illuminer 明るく照らす、輝かせる、明るくする　souffrir 苦しむ、痛い、耐え忍ぶ、被る

私の神様　　　　　　　　私の神様　　　　　　　　　　私の神様

たとえ　私が間違っているとしても　　お与えください　あの人を　私に　　少しでも
même 同じ、まさに、でさえ、自身、であっても　même si もし たとえ~でも
tort :m 間違い、誤り、過ち、違反、罪、損害、迷惑 avoir tort 間違っている（ai 一単現）

たとえ　私が間違っているとしても　　お与えください　あの人を　私に　　　もっと‥

参考：Charles Dumont 歌唱の場合、Laissez-le-moi は Laissez-la-moi　(la 彼女を、あの人を)
　　　としている。また、一部の歌詞変更、歌詞順番の入れ替えがある。

163

39. Voir un ami pleurer　涙 - 見よ 友が泣いている

ヴォワーる　アンナミ プルれー

Jacques Brel
Lara Fabian 他

1)

Bien sûr il y a les guerres d'Irlande　Et les peuplades sans musique

ビヤーンスューーる イリヤーレゲーるディるラーンドゥーエレププラードゥサッムズィーク

Bien sûr tout ce manque de tendre　Et il n'y a plus d'Amérique

ビヤーンスューーる トゥ ス マーンク ドゥターンドゥるー エ イルニヤー プリュー ダメリーク

Bien sûr l'argent n'a pas d'odeur Mais pas d'odeur vous monte au nez

ビヤーンスューーる らるジャーン ナ パ ドドゥーる メ パ ドドゥーる ヴ モーントゥ オ ネー

Bien sûr on marche sur les fleurs, mais　Mais voir un ami pleurer

ビヤーンスューーる オンマーるシュ スュる レフルーる メーメ ヴォワーるアンナミー プルれー

2)

Bien sûr il y a nos défaites　Et puis la mort qui est tout au bout

ビヤーンスューーる イリヤーノ デフェートゥー エピュィ ラモーる キエ トゥトブー

Nos corps inclinent déjà la tête　Étonnés d'être encore debout

ノコーる アンクリーヌ デージャ ラテートゥー エトネー デートゥるアンコーる ドゥブー

Bien sûr les femmes infidèles　Et les oiseaux assassinés

ビヤーンスューーる レ ファーム ザーンフィデールー エ レ ゾワゾー ザサスィネー

Bien sûr nos cœurs perdent leurs ailes, mais Mais voir un ami pleurer

ビヤンスューーる ノクーる ぺるドゥ ルーる ゼールー メーメ ヴォワーる アンナミープルーれー

Voir un ami pleurer Auteur-compositeur : Jacques Brel.
© Éditions Jacques Brel, Bruxelles, 1977.

1) 確かに　アイルランドの紛争がある　　　　そして　音楽をなくした人々が（いる）
bien sûr もちろん　bien よく、うまく、まさしく sûr , e 確信している、確かな、安全な
y a=il y a の略；がある、がいる　　guerre :f 戦争、軍事、争い、いさかい
Irlande :f アイルランド　peuplade :f 小民族　sans ～のない、～せずに、含まない
musique :f 音楽、楽譜、曲、メロディー、騒々しい音

確かに　あらゆることに優しさが欠けている　　　　そして　もはやアメリカはない
tout, e (pl.tous, tutes) すべて、全体　　ce これ、それ、あれ、この、その、あの
manquer de が足りない、欠けている、し損なう、~à いなくて寂しい　tendre 柔らかい、
優しい、思いやりのある、淡い（色彩の）、優しい人　ne～plus もう～ない
Amérique :f アメリカ（大陸）、アメリカ合衆国

まさにお金には(出所の)臭いがしない,だが臭いがないものはあなたの鼻に昇ってきている
argent :m お金、金銭、銀　ne～pas ~ない　　n'a=ne+a　avoir 持つ、ある（a 三単現）
odeur :f におい、香り、臭気　　monter 昇る、上がる、乗る、上昇する　nez :m 鼻、顔、
嗅覚、勘、機首　　　（L'argent n'a pas d'odeur はローマの故事に由来）

確かに　人々は花を踏みにじってゆく　でも　　　でも　見よ　友が　泣いている
on 人々、私達、彼ら marcher 歩く、進む、作動する、うまくいく　marcher sur を踏みにじ
る、を踏み台（犠牲）にする　　fleur :f 花、精華　mais だが、しかし、まったく（強調）
ami, e 友人、友、仲間、恋人　pleurer 泣く、涙を流す、懇願する、嘆く、悲しむ

2)　確かに　私たちの敗北がある　　　　　　それで　死がそこまで来ている
défaite :f 敗北　mort :f 死、破滅、終焉　bout :m 端、先、終わり、果て、少しの

私たちの体は既に　頭(こうべ)を垂れながらも　　まだ　立ち続けていることに驚く
corps [kɔːr] :m 体、身体、肉体、死体、胴体、物体、団体　incliner 傾ける、斜めにする、
する気にさせる déjà もう、すでに、以前に tête :f 頭、顔、頭脳
étonné, e (de に) 驚く、驚いた 'être である、にある　encore まだ、なお、依然として、もっと
debout 立って、立った、立てて、起きて、快復して

確かに　不実な女たちがいる　　　　　　　　そして　殺されてしまう鳥たちも
femme :f 女、女性、妻　infidèle 不誠実な、誠意のない、不貞の、浮気な、不正確な
oiseau (pl. x) :m 鳥、やつ　assassiné, e 人殺しの、悩殺する、人殺し、殺人者

まさに　私たちの心はその翼を失ってしまった でも　　でも　見よ　友が泣いている
cœur :m 心臓、胸、心、気持ち　perdre 失う、失くす、見失う、損する、負ける
leur (pl.~s) 彼らの、彼女らの　aile :f 翼、羽、飛翔

3)

Bien sûr ces villes épuisées　　Par ces enfants de cinquante ans
ビヤーンスューる セ ヴィール ゼビュイゼー　　ぱる セ ザンファーン ドゥサンカッターン

Notre impuissance à les aider　　Et nos amours qui ont mal aux dents
ノートゥる アンピュイサーンス ア レゼデー　　エ ノザムーる　キオン　マルオダーン

Bien sûr le temps qui va trop vite　Ces métros remplis de noyés
ビヤーンスューる ルターンキヴァ トゥろヴィートゥー セメトゥろらンプリードゥノワイェ

La vérité qui nous évite, mais　　Mais voir un ami pleurer
ラ ヴェりテー キヌゼヴィートゥ メー　　メ　ヴォワーるアンナミー プルーれー

4)

Bien sûr nos miroirs sont intègres　Ni le courage d'être juif
ビヤンスューる ノ ミろワーる ソン タンテーグる－ ニール クらージュデートゥる ジュイーフ

Ni l'élégance d'être nègre　　On se croit mèche on n'est que suif
ニー レレガーンス デートゥる ネーグる－　　オンスクろワ メーシュ オンネク スィーフ

Et tous ces hommes qui sont nos frères Tellement qu'on n'est plus étonné
エ トゥセゾーム　　キソンノ フれーる－ テールマーン コンネ　プリュ ゼトネー

Que par amour ils nous lacèrent, mais　Mais voir un ami pleurer
ク　ぱる アムーるイルヌ ラセーる－ メ－　メ ヴォワーるアンナミ プルーれー

166

3) 確かに　あの幾つもの都市が　疲弊してしまった　　　50歳の子供たちによって

ville :f 街、都市、都会、市　　épuisé, e 疲れ果てた、疲れ切った、品切れの、干上がった

par によって、～で、を通って enfant(男女同形)子供、児童　cinquante 50 の　m:50

an :m 年、歳

私達は無力　　それらの都市を救済するには　　　　　　　そして私達の愛は歯痒い思い

notre (pl. nos) 私たちの　impuissance :f 無力、無能　à+不定詞: ～ するための

les 彼ら/彼女ら、それら(を) aider 手伝う、助ける、援助する、救助する、役立つ

amour :m 愛、愛情、恋　mal :m(pl. maux) 悪、害、苦労、苦痛、病気　avoir mal à が痛い

dent :f 歯、(植物の)刻み

まったく　時は　あまりに速く　過ぎ去る　　あの地下鉄は沈み込んだ人々で満ちている

temps :m 時、時間、天候 aller 行く、進む、機能する（va 三単現）　trop あまりに、とても

vite 速く、急いで、すぐに　métro :m 地下鉄　rempli, e いっぱいの、満ちた (de～で)

noyé, e 溺死者、溺れかけた人、溺れた、耽溺した、埋もれた、紛れた、途方に暮れた

事実に私たちは目を背けている　でも　　　　　　　　でも　見よ　友が泣いている

vérité :f 本当のこと、真実、事実、真理　éviter 避ける、よける、控える

4)　確かに私たちの鏡（が映し出すの）は　公正なもの　ユダヤ人のような勇気もなく

miroir :m 鏡、映すもの　intègre 清廉な、公明正大な　ni～ni も～もない

courage :m 勇気、気力、熱意　juif, ve ユダヤ(人)の、ユダヤ教徒の

黒人のような優雅さもない　　　　　　人は蝋燭の芯と思いながらも脂でしかない

élégance :f 優雅、優美、上品、手際の良さ　nègre 黒人の（古風/時に軽蔑的、一般的には

noir,e) se croire 自分が～だと思う、～にいると思う、うぬぼれが強い（croit 三単現）

mèche :f (蝋燭の)芯、髪の房、メッシュ（髪の部分染め）　suif :m 油脂、獣油、脂肪

ne～que～ ～しか～ない

そしてみなあの人達は　私たちの兄弟　　こんなにも　人はもう驚かなくなり

homme :m 人間、人、人類、男、男性　frère :m 兄、弟、兄弟、仲間、同志

tellement とても、そんなに、ずいぶん　étonné 驚いた、びっくりした

愛の名のもとでも　あの人達と私達が分断されている　でも　でも見よ　友が泣いている

par を通って、～から、～に、の中を、によって、ゆえに

lacèrer 引き裂く、ずたずたに裂く

参考1： 歌詞は champ lexical(語彙場：あるテーマに関連する語彙の集まり)で構成

参考2： voir (動詞原形) 見える、見る、知る、理解する、わかる、考える

　　　不定詞　(動詞の原形)　表現は独立文として命令、指示、勧告、要望、依頼の他、

　　　驚き・怒り、疑問、願望、標語等を表わす。(この詞で voir は見よ、考えよの意味合い)

　　　尚、何かを注意して意図的に見る場合、一般的には regarder (見る)を用いる。

参考： フランス語の発音のカタカナ表記が難しい例

1) 円唇の u [y] を含む単語の発音 （[ ]内は発音記号）

母音[i]（イ）と u [y]の差違
イ[i]は平唇（非円唇）であるのに対し u [y]は丸唇（母音イ[i]と同じ前舌だが、唇の形は丸めて出す音、あるいは、唇をウの形にして、イと発音する。170 頁の母音図参照

音楽を意味する英語の綴りの music [mjú:zik]（ミユーズィク）は半母音の[j]を含む。
仏語の musique [myzik] には半母音の[j]が含まれない。
英語の music はミユウズィク（ミィウズィク）のように半母音の特徴である（イ）から（ウ）へのわたり音（音の移行感）があるのに対し、仏語の musique はムズィクあるいはミズィクのように聞こえミユのような音の移行感はほとんどない。

u [y]の音は [i]（イ）と [u]（ウ）の間にあり、イでもウでもないことから音の差違を示すため、本書では、u [y]にカタカナの（ユ）を便宜的に、やむを得ず、用いている個所がある。
しかし、実際には（ユ）は発音記号で示せば（ユ）[ju]となり、半母音[j]が含まれており、u [y]の音に（ユ）を用いることは正確性に欠ける。
一方、上記とは別に綴りに u を含む単語として huit [ɥi(t)ユイ（ット）]（数字の八）、あるいは、nuit [nɥi ニュイ]（夜）のように u の後に母音（ここでは i）を伴うことから半母音の[ɥ]（ユ）を含むものもある。
このため、u の発音には半母音を含まないものと含むものがあることに留意しましょう。

2) 摩擦音の[ʒ]と破擦音の[dʒ]の相違

仏語の J, j [ʒi]、G, g [ʒe]：　　　[ʒ]は摩擦音（有声後部歯茎摩擦音）
舌を後部歯茎に接近させて調音される有声の摩擦音（舌を上歯歯茎に当てない）
イメージ的には日本語の「シ」の舌の状態でそのまま濁音化した「ジ」、「ジェ」に近い。

英語の J, j [dʒei]、G, g [dʒi:]：　　　[dʒ]は破擦音（有声後部歯茎破擦音）
舌端を上歯の歯茎後部にあてた後、舌を離した瞬間に　舌と歯茎後部の間にできる
すき間に息を通すことで起こる息の摩擦により調音される破擦音
イメージ的には日本語の「チ」の発音をするときに濁音化させる「ヂェィ」、「ヂー」に近い。

両者の差違は舌を上歯後部歯茎に、摩擦音[ʒ]はあてない，破擦音[dʒ]はあてるである。

例：仏語　Japon [ʒapɔ̃]　　ジャポン（日本）：　　この（ジャ）は上歯茎にあてない
　　英語　Japan [dʒəpǽn]　ヂャパン（日本）：　　この（ヂャ）は上歯茎にあてる
　　仏語　jus [ʒy]　　　　ジュ/ジ（果汁）：　この（ジュ/ジ）は上歯茎にあてない
　　英語　juice [dʒúːs]　　ヂュース（果汁）：　この（ヂュ）は上歯茎にあてる

ただし、仏語でも一部 adj~等の綴りを持つ語では[dʒ]の発音になる。
例：adjective [adʒɛktif]アヂェクチフ（形容詞）　ajoindre [adʒɛ̃dr] アヂョワンドゥ（加える）
使用頻度の高い Je [ʒə] ジュ（私は）、manger [mɑ̃ʒe] マンジェ（食べる）等、フランス語の
j, ge を含む多くの語は舌を上歯歯茎に当てない摩擦音である。
これに対して、一般的な日本語の「ジ/じ」の多くは舌を歯茎後部にあてる破擦音として発
音することが多い。
このため、本書に記載した仏語歌詞に振ったカタカナの「ジ」の多くは舌を歯茎後部にあて
ない摩擦音であることに留意しましょう。

3) 口の開きの大きい[ɑ̃]と口の開きの狭い[ɛ̃,]の相違

（数字の100）　cent [sɑ̃]　　　　　　サン　　　　　（やや、「ソン」）
（数字の5）　　cinq [sɛ̃ ,sɛ̃k]　　　サン（サンク）（やや、「セン（センク）」）
（数字の105）　cent cinq [sɑ̃ sɛ̃k] *　サンサンク　　（やや、「ソンセンク」）
（数字の500）　cinq cent [sɛ̃ sɑ̃]　　サンサン　　　（やや、「センソン」）
　（＊備考　cinq は子音・有音の h の前で sɛ̃　ただし話し言葉で sɛ̃k）
上記の[ɑ̃]と[ɛ̃]のように両者はカタカナ表記にするとどちらも「アン」になり、これらの発
音のカタカナにとる差違表現は困難である。[ɛ̃]は明確な「エン」ではない。
次頁の母音図によると、[ɑ̃]は口の開きが大きくかつ円唇である。舌の位置的には[ɔ]オンに
近い音である。一方、[ɛ̃] は口の開きがやや狭まりかつ平唇である。舌の位置的には[e]に近く、
「アン」と「エン」の間の音である。

4) 口の開きの狭い[u]と口の開きが広い[œ]の相違（次頁、口腔母音図参照）

[u]は日本語の口の開きの狭い、明確な「ウ」の発音に相当するのに対し、[œ]は口の開きが
広く、「ウ」と「エ」（もしくは「ウ」と「ア」）の中間の響きを持つ：曖昧な響きの「ウ」。
下記は mou と meu の個所に両者とも「ム」（母音「ウ」を含む）でカタカナ表記をしてい
るが、後者はやや「メ」（母音は「エ」）又は「マ」（母音は「ア」）にも少し似た音である。
humour [ymuːr ユムーる] :m ユーモア、諧謔
humeur [ymœːr ユムーる]（やや、ユメーる/ユマーる）:f 機嫌、気分、気質、性格
　（実際の音は本書の案内の項目にて紹介したネット上の辞書等で確認してください。）

参考：口腔母音図（表内は発音記号）

舌の位置	前舌		中舌	後舌
唇の形	平唇	円唇		

口 狭 の ↑ 開 ↓ き 広	i y
	
	e ø
	
	  ɛ œ
	
	   a
			ə (弛緩)	u
				
				o
				
				ɔ
				
				ɑ

（ə は弛緩母音　音声環境でしばしば脱落する）

半母音： 他の母音との移行時、舌、口等の動きにより発音されるため単独では母音（音節）
とならない。（下記、発音記号とカタカナは概略説明用）

半母音（半子音）[w] ウ：　[u] ウ、[o, ɔ] オと他の母音間の移動時に生じる。
[u/o→a]⇒[wa]ワ　[u/o→i]⇒[wi]ウィ　[u/o→e]⇒[we]ウェ　[u→o]⇒[wo]ヲ、ウォ
半母音（半子音）[j] イ：　平唇の[i] イと他の母音間の移動時に生じる。
[i→a]⇒[ja]ヤ　[i→u]⇒[ju]ユ　[i→e]⇒[je]イェ　[i→o]⇒[jo]ヨ
[ɛ→i→ə]⇒[ɛj] ェユ
半母音（半子音）[ɥ] ユ：　円唇の[y] ユと他の母音間に移行時に生じる。
[y→i]⇒[ɥi]ユィ

鼻母音：　息を口と鼻から出し、鼻腔の共鳴を伴う。
[ɑ̃]　アン　　[ɛ̃]　アン（エアン）　　[ɔ̃]　オン　　　[œ̃]　アン（ウン/エンにも聞こえる）
これらの鼻母音は「ア（エ、オ、ウ）」+「ン」の2音節ではなく、1音節で「アン」等と
発音し、口の開きや位置は変えず、鼻にぬかせる。

注意：歌唱の場合、発音の微妙な差違を気にしすぎるとリズムや旋律から外れてしまう
可能性があります。発音にはあまり拘ることなく曲の流れに言葉を乗せることに
留意しましょう。

フランス語の字母

右頁にフランス語の字母（アルファベ）を示す。
e は一般に母音字とされるが音節を形成しない場合がある。あるいは、通常は発音されない
末尾の e が詩歌の詠唱のため母音を伴う場合がある。
大文字の **É, À** 等は本書では多くの場合、**E, A** 等の略記を用いている。

フランス語の字母　Alphabet　[alfabɛ] (アルファベ)

大文字	小文字	発音記号	仮名	大文字	小文字	発音記号	仮名
A	a	[ɑ]	ア	N	n	[ɛn]	エヌ
B	b	[be]	ベ	O	o	[o]	オ
C	c	[se]	セ	P	p	[pe]	ペ
D	d	[de]	デ	Q	q	[ky]	キュ
E	e	[ə]	ウ	R	r	[ɛːr]	エーる
F	f	[ɛf]	エフ	S	s	[ɛs]	エス
G	g	[ʒe]	ジェ	T	t	[te]	テ
H	h	[aʃ]	アシュ	U	u	[y]	ユ
I	i	[i]	イ	V	v	[ve]	ヴェ
J	j	[ʒi]	ジ	W	w	[dubləve]	ドゥブルヴェ
K	k	[kɑ]	カ	X	x	[iks]	イクス
L	l	[ɛl]	エル	Y	y	[igrɛk]	イグれク
M	m	[ɛm]	エム	Z	z	[zɛd]	ゼドゥ

注記：o と e が連続する場合、通常 œ と 1 文字のように綴られる。 合字の oe (oe composé)。

<u>母音字</u> Lettres-Voyelles :　　A, E, I, O, U, (Y)

<u>子音字</u> Lettres-Consonnes :　　B,C,D,F,G,H,J,K,L,M,N,P,Q,R,S,T,V,W,X,Z

語尾の子音字 :単語の綴りの最後にある子音字は、一般に発音しない。　例:Paris [pari]
　　　　　（b、d、g、h、j、k、m、n、p、s、t、v、w、x、z）
ただし、短い単語の語末子音字、特に c、f、l、r、q は発音されることが多い。

<u>綴字記号</u> Signeorthographiques

´　:　アクサン・テギュ　　　accent aigu：　　　　　　　　é　(ウ・アクサン・テギュ)

`　:　アクサン・グらーヴ　　accent grave：　　　　　　　　à è ù

^　:　アクサン・スィるコンフレクス　accent circonflexe：　　â ê î ô û

..　:　トゥれマ　　　tréma：　　　　　　　　　　　　　　ë ï ü
　　　　（この記号のついた母音字は前の母音字と切り離して読まれる。）

Ç　:　セディーユ　cédille　(c の下にひげを付けて[s]の音を表す)　ç

'　:　アポストゥろフ　apostrophe　（省略された文字があることを示す。）

-　:　トゥれ・ディユニオン　trait d'union（英語のハイフォン）
　　　　（主語人称代名詞と動詞の倒置形、複合語等に用いられる。）

参考　　動詞 avoir (アヴォワーる)

動詞 avoir は本動詞として所有、等を示す。（英語の have に相当）

例：J'ai un livre. （ジェ　アン　リーヴる）　私は一冊の本を持っている。

avoir の直説法現在形の人称変化は下記のとおり。

一人称単数	j'ai　（ジェ）	一人称複数	nous avons　（ヌザヴォン）
二人称単数	tu as　（ティュア）	二人称複数	vous avez　（ヴザヴェ）
三人称単数	il a / elle a （イラ / エラ）	三人称複数	ils ont / elles ont （イルゾン / エルゾン）

****

動詞 avoir は多くの動詞の複合時制で助動詞としても用いられる。（下表右側参照）
avoir(助動詞)+過去分詞の形を形成する。

直説法の場合の時制を示す。（例：donner「与える」三人称単数の場合）

単純時制 temps simple （動詞自体が活用）		複合時制 temps composé （助動詞の活用形+過去分詞）	
現在	Il donne イルドヌ	複合過去	Il a donné イラドネ
半過去	Il donnait イルドネ	大過去	Il avait donné イラヴェドネ
単純過去	Il donna イルドナ	前過去	Il eut donné イリュドネ
単純未来	Il donnera イルドヌら	前未来	Il aura donné イロらドネ

avoir を助動詞とする複合時制では、直接補語が先行する場合のみ過去分詞の性数を一致させる。

例：Cette victoire, je l'avais prévue. セトゥヴィクトワーる　ジュラヴェ　プれヴィユ
　　この勝利、私はそれを予想していた。
　　（末尾の e, あるいは e s は発音しない）

172

参考　　動詞　être　（エートゥる）

動詞　être は本動詞として存在、状態、等を示す。（英語の be 動詞に相当）

例：　　C'est un livre. (セタン　リーヴる)　　　それは一冊の本です。

être の直説法現在形の人称変化は下記のとおり。

一人称単数	Je suis　（ジュスュィ）	一人称複数	nous sommes（ヌソム）
二人称単数	tu es　　（ティュエ）	二人称複数	vous êtes　　（ヴゼットゥ）
三人称単数	il est / elle est（イレ / エレ）	三人称複数	ils sont / elles sont（イルソン / エルソン）

****

動詞　être は一部の動詞（場所の移動・状態の変化を表す自動詞、及び、再帰代名詞と一緒に使う場合）の複合時制で助動詞としても用いられる。（下表右側参照）
être (助動詞)+過去分詞の形を形成する。
直説法の場合の時制を示す。（例：partir「出発する」三人称単数の場合）

単純時制 temps simple（動詞自体が活用）		複合時制 temps composé（助動詞の活用形+過去分詞）	
現在	Il part　イルパーる	複合過去	Il est parti　イレパるティ
半過去	Il partait　イルパるテ	大過去	Il était parti　イレテパるティ
単純過去	Il partit　イルパるティ	前過去	Il fut parti　イルフュパるティ
単純未来	Il partira　イルパるティら	前未来	Il sera parti　イルスらパるティ

être を助動詞とする複合時制、受動態では過去分詞の性・数は主語に一致する。

例：Elles sont arrivées　　エルソンタりヴェ　　彼女達は到着した。
　　Elle est aimée　　　　エレテメ　　　　彼女は愛されている。
　　（末尾の es, e は発音しない）

173

動詞語尾変化・活用表

直説法

(単純) 時制	人称	-er 動詞 語尾	-ir, -re, -oir 動詞 語尾		参考
現在	je	-e	-s　(-x)		-er 動詞の一部は語幹が
	tu	-es	-s　(-x)		若干変化する。
	il/elle	-e	-t　(-/d)		
	nous	-ons　オン	*-ons		*：単数では発音されな
	vous	-ez　エ	*-ez		い語幹末尾の子音字が
	ils/elles	-ent	*-ent		複数では有音化する。
単純未来	je	-rai　れ			単純過去の語幹：
	tu	-ras　ら			多くは不定詞語尾の
	il/elle	-ra　ら			r 又は re, oir を除いた
	nous	-rons　ろン			もの
	vous	-rez　れ			
	ils/elles	-ront　ろン			
半過去	je	-ais　エ			半過去の語幹：
	tu	-ais　エ			直接法現在 1 人称複数
	il/elle	-ait　エ			nous 動詞の語幹と同じ
	nous	-ions　イヨン			
	vous	-iez　ィエ			
	ils/elles	-aient　エ			
単純過去	je	-ai	-is	-us	単純過去の語幹：
	tu	-as	-is	-us	一般に過去分詞と同じ
	il/elle	-a	-it	-ut	(書き言葉、文学の過去。
	nous	-âmes	-îmes	-ûmes	会話では用いられない)
	vous	-âtes	-îtes	-ûtes	
	ils/elles	-èrent	-irent	-urent	
過去分詞	原則的には不定詞語尾の-er を-é に、-ir を-i に、-oi r 、-re を-u に変える。 （例外も多い）性数の一致により、後ろに e,s,es がつく場合がある。				
現在分詞	一般に直説法現在形 1 人称複数形(nous)動詞の語尾-ont を-ant に変える。				

不規則動詞：　avoir, être, aller, faire,等、上記の内容に合致しない動詞がある。

174

命令法・条件法・接続法

（単純）時制	人称	動詞語尾	参考		
命令法 現在	(je)	（なし）	活用は一般に直接法現在と同形。主語の人称代名詞 tu,nous,vous を用いないことで区別。		
	tu	-e / -s			
	(il/elle)	（なし）	-er 動詞、末尾が vrir/frir で終わる動詞、及び aller の場合、命令法では直説法現在 2 人称の末尾の s は落とす。(ただし、y, en の前では s が付く：		
	nous	-ons			
	vous	-ez			
	(ils/elles)	（なし）	va! ⇒vas-y!, pense! ⇒penses-y!, donne! ⇒donnes-en!) 例外：être, avoir, savoir, vouloir の命令法現在は一般に接続法現在と同じ語幹を取る。		
条件法 現在	je	-rais　れ	条件法現在の語幹：直接法単純未来と同じ；多くは不定詞末尾の r 又は re を除いたもの		
	tu	-rais　れ			
	il/elle	-rait　れ			
	nous	-rions リヨン	条件法現在の語尾＝ r +直接法半過去語尾		
	vous	-riez　りエ			
	ils/elles	-raient　れ			
接続法 現在	je	-e	接続法現在の語幹： 直説法現在 3 人称複数 ils/elles 動詞の語幹と同じ (ただし-oir,-oire 型動詞 1,2 人称複数の語幹は直説法現在 1 人称複数と同じ) 接続法現在複数 1,2 人称は直説法半過去と同形。 接続法複数 3 人称は直説法現在と同形。 -er 動詞は単数 1,2,3 人称も直説法現在と同形。		
	tu	-es			
	il/elle	-e			
	nous	-ions イヨン			
	vous	-iez　イエ			
	ils/elles	-ent			
接続法 半過去	-	-er 動詞	-ir, -re, -oir 動詞		接続法半過去の語幹： 一般に過去分詞と同じ （接続法半過去・大過去はあまり用いられない）
	je	-asse	-isse	-usse	
	tu	-assses	-issses	-ussses	
	il/elle	-ât	-ît	-ût	
	nous	-assions	-îssions	-ussions	
	vous	-assiez	-îssiez	-ussiez	
	ils/elles	-assent	-issent	-ussent	

不規則動詞：　avoir, être, aller, faire,等、上記の内容に合致しない動詞がある。

日本音楽著作権協会（出）許諾第 2010936-001 号

本書に関するご感想、コメント、ご要望等がある場合はブイツーソリューション宛に郵便等でお送りください。

著者に直接連絡したい場合は電子メールにて、shuco123@icloud.com まで送信願います。

カタカナ　シャンソン　フランセーズ　３９

2021 年 7 月 12 日　　初版第 1 刷発行

著　者　うのわ周行　（ウノワ・シュウコウ）

発行所　ブイツーソリューション

〒466-0848 名古屋市昭和区長戸町 4-40

電話 052-799-7391　Fax 052-799-7984

発売元　星雲社（共同出版社・流通責任出版社）

〒112-0005 東京都文京区水道 1-3-30

電話 03-3868-3275　Fax 03-3868-6588

印刷所　モリモト印刷

ISBN 978-4-434-29179-1